Forum Sprache

Lerntechniken im Fremdsprachenunterricht

Handbuch

Zur Sache: Lerntechniken

Eine Auswahl bewährter Bücher aus dem Fachbuch-Programm Forum Sprache

Ute Rampillon

Lerntechniken im Fremdsprachenunterricht

Handbuch

Max Hueber Verlag

CIP-Kurztitelaufnahme der Deutschen Bibliothek

Rampillon, Ute:
Lerntechniken im Fremdsprachenunterricht / Ute Rampillon. –
München [i.e. Ismaning]: Hueber.
(Forum Sprache)

Handbuch. – 2. Aufl. – 1989.
ISBN 3-19-006967-0

2. Auflage 1989

Umschlaggestaltung: Planungsbüro Winfried J. Jokisch, Düsseldorf
Satz: FoCoTex Klaus Nowak, 8137 Berg 3
Druck: Heinzelmann Offsetdruck GmbH, München
Layout: Werbe- und Verlagsagentur Langbein · Wullenkord, München
Printed in Germany
ISBN 3–19–006967–0

Inhaltsverzeichnis

Vieles ist über jene Dinge gesagt worden, die das Lehren und Lernen einer Fremdsprache schwer machen, wenig über die, die es überhaupt erst ermöglichen.[1]

Lerntechniken erleichtern das Fremdsprachenlernen

Dieses **Handbuch** soll dazu beitragen, das fremdsprachliche Lernen von Schülern zu fördern.
Daß ich zunächst **Fremdsprachenlehrerinnen und -lehrer** und nicht Schülerinnen und Schüler anspreche, hängt mit meiner Überzeugung zusammen, daß es primär die Aufgabe von Schule und Lehrern ist, die Schüler das Lernen zu lehren.
Meine Tätigkeit in der Lehrerfortbildung hat mir jedoch bei vielen Gelegenheiten gezeigt, daß Lerntechniken im Unterrichtsalltag nicht genügend – manchmal gar nicht – berücksichtigt werden.
Ich möchte daher in diesem Buch versuchen, die Notwendigkeit, aber auch die Chancen und Möglichkeiten für den Fremdsprachenunterricht zu zeigen, die in Lerntechniken verborgen sind. Auch wenn sich die Beispiele und Vorschläge ausschließlich auf den Englischunterricht beziehen, sind die ihnen zugrunde liegenden Grundsätze auf den übrigen Fremdsprachenunterricht übertragbar.

Lerntechniken im Unterricht

Um die Umsetzung der Vorschläge in den Unterricht zu erleichtern, werden die notwendigen Hintergrundinformationen in engem Bezug zu den sprachlichen Teilkompetenzen zusammengestellt. Das heißt, zu jeder Teilkompetenz (Wortschatz – Grammatik – Hören – Lesen – Sprechen – Schreiben) werden in einem eigenen Kapitel die entsprechenden Lerntechniken beschrieben und auf Übungsmöglichkeiten hingewiesen. Zur schnellen Vororientierung dient je ein Überblicksblatt mit Seitenverweisen.
Die Grundlage für meine Darstellungen lieferten weniger eigene Forschungen, als vielmehr die zahlreichen, aber leider recht verstreuten und nun systematisch zusammengestellten und aufbereiteten Hinweise auf fremdsprachliche Lerntechniken in einschlägigen Fachbüchern und Zeitschriften, wie auch meine eigenen unterrichtlichen Erfahrungen. Ein derart pragmatischer Ansatz versteht sich lediglich als Arbeitshilfe und als Denkanstoß, der noch weiterer Überlegungen und Untersuchungen seitens der Fachdidaktik bedarf.
Die Vorschläge dieses Lehrerhandbuches beziehen sich vorzugsweise auf den Fremdsprachenunterricht in den Klassen 5–9/10 an Hauptschulen, Realschulen, Gymnasien, Gesamtschulen und Berufsfachschulen. Generell sind sie auch auf den Unterricht mit Erwachsenen übertragbar.
Allgemeine Lerntechniken, z.B. Fragen zur Führung des Hausheftes, zur Gestaltung des Arbeitsplatzes, zur Ermittlung

günstiger Arbeitszeiten habe ich hier deshalb nicht aufgegriffen, da sie bereits in der vorhandenen Literatur ausgiebig dargestellt werden.

Das Schülerbuch: Englisch lernen
Mit Tips und Tricks zu besseren Noten

Um die grundsätzlichen Überlegungen dieses *Lehrerhandbuches* für schülerorientierte Lernprozesse fruchtbar zu machen, wurde zusätzlich ein **Schülerbuch** entwikkelt. Es besteht aus exemplarischen Aufgaben für den Englischunterricht, mit denen einzelne Lerntechniken geübt werden können.

Für **Lehrer** stellen sie lediglich Beispiele dar, die demonstrieren sollen, wie Übungen zu einer bestimmten Lerntechnik aussehen könnten. Sie sind also nur eine Vorlage zur Entwicklung eigener Aufgaben. Auf die Ausarbeitung ganzer Unterrichtseinheiten unter Einsatz von Lerntechniken wurde bewußt verzichtet, da Lerntechniken nicht Gegenstand einer einzelnen Stunde oder Unterrichtsreihe sein sollen, sondern vielmehr integrativ in den Unterricht einfließen und als Prinzip ständig präsent, immer wieder trainiert oder auch neu gelernt werden müssen.

Für **Schüler** bietet das Arbeitsbuch Vorschläge an, die sie befähigen, viele Lerntechniken selbständig zu erkennen und sich anzueignen, falls sie in der Schule nicht vermittelt werden. Die Aufgaben bauen schrittweise aufeinander auf. Register ermöglichen es den Schülern, rasch diejenigen Lerntechniken zu finden, die ihnen selber wichtig erscheinen.

Auch **Eltern** wird das Schülerbuch zahlreiche Anregungen geben, wenn sie erfahren möchten, wie sie ihren Kindern bei der Bewältigung fremdsprachlicher Hausaufgaben helfen können.

Lehrerhandbuch und Schülerbuch können einander in folgender Weise ergänzen:

Lehrerhandbuch

Lehren, das Lernen zu lernen (didaktische und methodische Überlegungen des Lehrers zur Vermittlung von fremdsprachlichen Lerntechniken)

Schülerbuch

das Lernen lernen (Aufgaben zum Verständnis und zur Anwendung fremdsprachlicher Lerntechniken durch Schüler)

Mit beiden Bänden verbinde ich die Hoffnung, daß sie dazu beitragen, das schulische Lernen fremder Sprachen zu fördern.

Mein Dank gilt Herrn Professor Peter Doyé, Universität Braunschweig, der mich zu diesem Buch ermutigte und mich durch zahlreiche Gespräche unterstützte. Danken möchte ich auch allen Lehrerinnen und Lehrern, die mir wichtige Anregungen gaben. Schließlich gilt mein Dank auch der Lektorin des Verlages, Dr. Angela Jurinek-Stinner, die mich mit ihrem Einfallsreichtum und ihrer Kreativität bei der Redaktion dieses Buches immer wieder aufmunterte.

1

Lerntechniken werden für den Fremdsprachenunterricht wiederentdeckt

1. Lerntechniken sind keine neue Erfindung

„,Lernen lehren' genießt zur Zeit einmal wieder eine besonders hohe wissenschaftliche und öffentliche Reputation."[2] So lautet der erste Satz, der im Dezember 1983 erschienenen Nummer der Zeitschrift Unterrichtswissenschaft. Er mag für die allgemeine erziehungswissenschaftliche Diskussion zutreffen. Die Zahl der aktuellen Beiträge zu diesem Thema ist hier beträchtlich.

Im Bereich der Fremdsprachendidaktik lassen sich im bundesdeutschen Schrifttum jedoch nur wenige neuere Ansätze verzeichnen, die sich mit der Frage des selbständigen Lernens auseinandersetzen[3], während die fachdidaktische Diskussion in der DDR bereits sehr intensiv betrieben wird.[4] Im englischen Sprachraum sind Handbücher über *study skills* zwar seit einigen Jahren erhältlich, wenden sich jedoch überwiegend an Schüler der Oberstufe von Gymnasien oder an Studenten.

Alle Anzeichen sprechen jedoch dafür, daß die Rückbesinnung auf das selbständige Lernen keine erziehungswissenschaftliche Orchidee ist, sondern auch in den Fragestellungen der Fachdidaktik des Fremdsprachenunterrichts aufgehen wird. Auf einen historischen Rückblick[5] muß hier verzichtet werden. Lediglich Schlaglichter aus der jüngeren Zeit können hier gesetzt werden, die deutlich machen sollen, daß es sich bei der Wiederentdeckung von Lerntechniken um eine folgerichtige Entwicklung handelt. Zu diesen Schlaglichtern gehören die Begriffe Schülerorientierung/schülerzentrierter Unterricht, Selbständigkeit/Emanzipation als übergeordnetes Lernziel, selbständige und freie Kommunikation als fachspezifisches Lernziel, die Begründung der Sprachlehr- und Sprachlernforschung als eigene Disziplin und schließlich als jüngste Entwicklung der Ansatz einer Arbeitsgruppe um H.E. Piepho zum Thema *self-access*. Alle diese Konzeptionen liegen auf einer Schiene, auf der man sich kontinuierlich und vermehrt dem Schüler zuwendet, um ihn in stärkerem Maße zu Selbständigkeit, Unabhängigkeit und Autonomie zu führen. Die Vermittlung von Lerntechniken zum Fremdsprachenunterricht fügt sich nahtlos in diesen Denkansatz ein.

2. Was sind Lerntechniken?

Im folgenden benutze ich als Arbeitstitel den Begriff der „Lerntechniken". Ich möchte seine Benutzung begründen und daraufhin mein Verständnis erläutern.

Auf die Diskussion des Begriffes gehe ich an dieser Stelle nicht näher ein, wohlwissend, daß Bezeichnungen wie Lernstrategien, *study skills*, Arbeitstechniken und Verfahrenskenntnisse nebeneinanderstehen, und ihre Abgrenzung noch einer Klärung bedarf. Sie sollte Gegenstand einer eigenen Untersuchung sein; sie kann nicht Thema eines Buches sein, daß sich primär auf unterrichtspraktische Vorschläge ausrichtet.

Techniken sind im allgemeinen Sprachgebrauch u.a. im Bereich des Sports und im Bereich der Kunst gut bekannt. Daher ist der Begriff wohl für die meisten Menschen verständlich und auf das Lernen leicht übertragbar. Nach Duden ist in diesem und in jenem Fall die Gesamtheit der Kunstgriffe und Verfahren gemeint, die auf einem bestimmten Gebiet üblich sind. Bezogen auf unser Thema handelt es sich entsprechend um Verfahren, die im Bereich des Lernens von Fremdsprachen üblich sind. Man sucht Wege, ein bestimmtes Ziel möglichst sicher und gut zu erreichen, sei es z.B. das Benutzen eines fremdsprachlichen Wörterbuches, der Parallelschwung beim Skifahren oder der Kupferstich in der Kunst.

Um den eindeutigen Bezug zum Lernen herzustellen, werden wir von **Lerntechniken** und nicht von Arbeitstechniken sprechen, da ja auch jegliches Arbeiten in diesem Zusammenhang dem fremdsprachlichen Lernen dient und der Begriff der Lerntechniken nach unserem Verständnis eher als Oberbegriff zu benutzen ist.

Unter dem Begriff *Lernen* können verschiedene Arten des Lernens unterschieden werden: das absichtliche, planvolle Lernen sowie das inzidentelle, unwillkürliche Lernen. Ich konzentriere mich im folgenden auf das absichtliche und planvolle Lernen, da nur für dieses Lerntechniken relevant sind. Dieses bewußte Lernen kann sowohl im Unterricht als auch zu Hause vom Lerner in Gang gesetzt werden und spielt außerdem auch im außerschulischen Lernen eine Rolle.

Unabhängig von der Lernart beziehen sich alle in diesem Buch dargestellten Lerntechniken auf das Lernen, das vom Schüler initiiert wird, das dem Erwerb lebender Fremdsprachen dient und außerdem die erste Fremdsprache meint. Das sind insbesondere diejenigen Fremdsprachen, die an deutschen Schulen unterrichtet werden. Zwar sind die Beispiele ausschließlich auf den Englischunterricht bezogen, lassen sich jedoch ohne größere Probleme auf den Erwerb anderer Sprachen übertragen.

Eine vorläufige Beschreibung von fremdsprachlichen Lerntechniken

Nachdem wir Lerntechniken als Verfahren auf dem Gebiet des fremdsprachlichen Lernens beschrieben haben, die vom Schüler ausgehen und absichtlich und planvoll eingesetzt werden, müssen wir nun einige genauere inhaltliche Bestimmungen vornehmen.

Absichtlich setzt voraus, daß der Schüler sich zum Lernen entschieden hat, daß er die Notwendigkeit und Sinnhaftigkeit des Lernens eingesehen hat, daß also durch ihn selber keine Lernbarrieren aufgebaut werden. Seine Lernbereitschaft ist vorhanden, er ist „potentiell handlungsfähig, lernfähig und lernwillig“[6]. Die Lerntechniken können daher als intentional bezeichnet werden.

Planvoll bedeutet, daß der Schüler sich als erstes ein Ziel setzt, z.B. die Vokabeln von Lektion 10 zu lernen. Der Vorteil gegenüber fremdbestimmten Lernzielen liegt darin, daß sie vom Schüler in ihrem Umfang überschaut werden können und ihm weitgehend realisierbar zu sein scheinen. Im übrigen entsprechen sie seinen individuellen Bedürfnissen, denn er kann entscheiden, ob er die Vokabeln der Lektion 10 nur wiederholend durchlesen oder ganz neu lernen muß. Alle drei Aspekte

sind motivationsfördernd und steigern seine Lernbereitschaft.
Als zweiten Schritt seines planvollen Vorgehens wählt der Schüler unter den ihm bekannten Lerntechniken diejenigen aus, die ihm mit Rücksicht auf den Lerngegenstand (hier: z.B. die Vokabeln einer bestimmten Lektion) und auf das Lernziel (hier: z.B. erneutes Einprägen derselben) geeignet zu sein scheinen. Es böte sich in unserem Beispiel etwa die Benutzung einer Vokabelkartei an. Bei der Auswahl kann der Schüler jedoch einen weiteren, wichtigen Gesichtspunkt beachten, und zwar kann er unter den Verfahren dasjenige aussuchen, das seinem Lernertyp am ehesten entspricht. Er kann also in unserem Beispiel entscheiden, ob er die Vokabeln vornehmlich lesend, schreibend oder laut sprechend lernt oder ob er sie sich mit Hilfe eines Kassettenrekorders durch wiederholtes Abhören einprägt. Der Schüler hat außerdem die Möglichkeit, nicht nur eine einzelne Lerntechnik auszuwählen, sondern mehrere in einer ihm nützlich erscheinenden Kombination anzuwenden. Solche Kombinationen von Lerntechniken sind für diesen Schüler nicht für immer festgeschrieben, sondern er kann von Fall zu Fall die Zusammenstellung flexibel handhaben und sie verändern.

In einem weiteren Schritt einer Lernplanung legt der Schüler den Zeitrahmen fest, in dem er das selbstgesteckte Ziel erreicht haben will. Hierbei lernt er es, Lernprozesse in ihrer Dauer einzuschätzen, und damit gewinnt er die notwendige Grundlage für die Organisation und Planung seines künftigen Lernens.

Im letzten Schritt seines planvollen Vorgehens führt der Schüler schließlich auch die Kontrolle durch. Dies geschieht beim Vollzug eines jeden Lernschrittes, aber auch durch besondere Verfahren, die sich dazu eignen, umfassende Lernziele festzuhalten (z.B. das Führen einer Fehlerstatistik).

Das selbstgewählte Lernziel, die selbstgesetzte Lernzeit sowie das benutzte Lernverfahren und die Lernkontrolle werden in der Regel vom Schüler nicht so schrittweise und gezielt bedacht, wie es hier aus Gründen der Übersichtlichkeit dargestellt wurde. Die verschiedenen Entscheidungen werden miteinander verwoben und fallen mehr intuitiv und aufgrund gemachter Lernerfahrungen. Je deutlicher dem Schüler jedoch die einzelnen Entscheidungselemente gemacht werden, desto eher wird ihm dieses Wissen dazu verhelfen, seine individuellen Lernvoraussetzungen und Lernmöglichkeiten zu nutzen. Sie führen ihn durch einen Lernprozeß, den er selber durchschaut, da er ihn selbst bestimmt hat und der ihm selber die Verantwortung für den Erfolg nahelegt. Der Schüler wird durch einen solchen Lernprozeß autonom, er ist nicht mehr Lehrobjekt, sondern wird Lernsubjekt.[7]

3. Lerntechniken für den Fremdsprachenerwerb im Überblick

Die Gesamtheit der Lerntechniken zum Fremdsprachenerwerb lassen sich in drei Gruppen unterteilen:

Verfahren, die den Lernprozeß **vorbereiten**

Verfahren, die den Lernprozeß **steuern**

Verfahren, die den Lernprozeß **kontrollieren**

Zu den Verfahren, die das **Lernen vorbereiten**, gehören wiederum zwei Untergruppen:

Verfahren, die den Lerngegenstand **bereitstellen**

Verfahren, die den Lerngegenstand und das Lernumfeld **aufbereiten**

Diejenigen Verfahren, die den Lerngegenstand bereitstellen, sind z.B. die Benutzung eines grammatischen Nachschlagewerkes oder die Benutzung eines Wörterbuches. In beiden Fällen entnimmt der Schüler diesen Büchern eine Information. Diese hat er damit jedoch lediglich zur Kenntnis genommen und sich noch keineswegs angeeignet. Er hat sie noch nicht gelernt.
Zur Organisation des Lerngegenstandes und des Lernumfeldes gehören z.B. das Führen eines Grammatikheftes, eines Vokabelheftes bzw. einer Vokabelkartei oder des Hausheftes. Als allgemeine Techniken lassen sich solche zur Arbeitsplatzgestaltung ergänzen.

Neben den beschriebenen Verfahren, die das Lernen vorbereiten, gibt es die Verfahren, die das **Lernen steuern**, also diejenigen, die das Verarbeiten der aufgenommenen Informationen fördern. Das Steuern des Lernens hat die Aufgabe, den Verarbeitungsprozeß zu erleichtern, ihn arbeits- und zeitökonomischer zu gestalten und bzw. oder den Lernstoff im Langzeitgedächtnis abrufbereit zu speichern. Lerntechniken zum Vokabellernen oder zum Lernen einer Grammatikregel gehören ganz offensichtlich hierher. *Outlining* und *note-making* wurden bereits oben erläutert und zählen auch zu dieser Gruppe. Schließlich müssen das Auswendiglernen mit seinen zahlreichen *sub-skills* sowie Visualisierungstechniken hinzugefügt werden. Da letztere nicht ohne weiteres verständlich sind, sollen sie bereits hier kurz umrissen werden:
Visualisierungstechniken sind Verfahren, mit deren Hilfe der Schüler den zu lernenden Stoff optisch aufbereitet, so daß er dessen Struktur leichter erkennt und als visueller Lernertyp leichter behält. Dazu kann u.a. das farbige Einrahmen oder Unterstreichen einzelner Wörter, das *Highlighting* oder das Markieren am Textrand gehören. Adressat dieser Markierungen ist der Lernende selber. Benutzt er aber die gleichen Verfahren, um anderen eine Information weiterzugeben, bezeichne ich sie als Präsentationstechniken. Als Visualisierungstechniken spiegeln sie

jedoch den Verarbeitungsprozeß des Lernenden wieder, der einen vorliegenden Text z.B. lesend aufnimmt, ihn durchdenkt und als Ergebnis dieses Denkens etwa Kernwörter herausfindet und unterstreicht.
Ein ähnlicher Prozeß liegt beim *notetaking* vor, bei dem anstelle des Unterstreichens das betreffende Wort aus dem Text herausgeschrieben wird. Auch diesem Herausschreiben geht ein Verarbeitungsprozeß voraus, der überhaupt die Auswahl der zu notierenden Wörter ermöglicht. Wird ein Text, eine Information, auf die eine oder andere Weise gedanklich verarbeitet, ist es dem Schüler leichter, sie zu speichern und ggf. wieder abzurufen, als wenn er sie lediglich lesend zur Kenntnis nehmen würde.

Beide Verfahrensgruppen, diese, die das Lernen vorbereitet und jene, die das Lernen steuert, machen den Hauptanteil aller Lerntechniken zum Fremdsprachenerwerb aus. Die dritte Gruppe von Verfahren, nämlich diejenige, die das **Lernen kontrollieren**, ist zahlenmäßig im Verhältnis zu den beiden anderen Gruppen recht klein. Sie umfaßt das Führen einer Fehlerstatistik, das Korrekturlesen *(proofreading)* sowie den Einsatz eines Tonbandgerätes bei der mündlichen Sprachproduktion. Diese Kontrolltechniken sind eng mit den Verarbeitungstechniken verbunden, da sie auf Wissensdefizite hinweisen, die ihrerseits zu erneutem Verarbeiten des Lernstoffes Anlaß geben.
Obgleich die Kontrolltechniken zahlenmäßig gering sind, darf ihre Bedeutung keineswegs unterschätzt werden. Wenn es erklärtes Ziel jedes Fremdsprachenunterrichts ist, Schüler zu Emanzipation bzw. Selbständigkeit zu führen, ist ihre Fähigkeit, das eigene Lernen einzuschätzen, die eigene Lernprozesse zu durchschauen und ihren Wissensstand zu überblicken, eine grundlegende Voraussetzung. Diese Kontrolltechniken beherrschen die Schüler jedoch nur, wenn sie ihnen vorher vermittelt wurden. Diese Vermittlung durch den Lehrer ist um so wichtiger, als festgestellt wurde, daß gerade bei der Selbstkontrolle viele Schüler Schwierigkeiten haben und ihre eigenen Defizite manchmal gar nicht erkennen. „Für den Lehrer bedeutet dies, daß er nachfragen muß, auf schwierige Textteile aufmerksam machen muß und zur Kontrolle des eigenen Verständnisses auffordert."[8] Ziel wäre, die Schüler im Unterricht allmählich dazu anzuhalten, das eigene Verständnis zu kontrollieren.[9]

Überblick

Lerntechniken sind Verfahren, die vom Lernenden absichtlich und planvoll angewandt werden, um sein fremdsprachliches Lernen vorzubereiten, zu steuern und zu kontrollieren.
Diese Verfahren beziehen sich auf selbstgesetzte Ziele und werden in einem vom Lernenden selbstbestimmten Zeitrahmen realisiert. Sie sind flexibel kombinierbar und individualisieren den Lernprozeß auf der Stufe der Aufnahme und der Verarbeitung. Sie werden vom Schüler kontrolliert und von ihm verantwortet.
Aus der Übersicht wird deutlich, daß diese verschiedenen Arten von Lerntechniken einzelnen Stufen im Lernprozeß zugeordnet werden können. Dabei spielen die ersten beiden Stufen, die Informationsauf-

Lerntechniken zum Fremdsprachenerwerb

- Verfahren, die den Lernprozeß vorbereiten
  - Verfahren, die den Lerngegenstand bereitstellen
  - Verfahren, die den Lerngegenstand und das Lernumfeld aufbereiten
- Verfahren, die den Lernprozeß steuern
- Verfahren, die den Lernprozeß kontrollieren

Verfahren, die den Lerngegenstand bereitstellen	Verfahren, die den Lerngegenstand und das Lernumfeld aufbereiten	Verfahren, die den Lernprozeß steuern	Verfahren, die den Lernprozeß kontrollieren
Wörterbuchbenutzung	Arbeitsplatzgestaltung	Vokabellernen	Fehlerstatistik führen
Grammatikbenutzung	Hausheft führen	Grammatikregeln lernen	*proofreading*
Erschließungstechniken	Grammatikheft führen	Visualisierungstechniken	Tonbandkontrolle
kombinierendes Lese- bzw. Hörverstehen	Vokabelheft führen	*note-taking*	
segmentierendes Hören	Lernzeitbestimmung	*note-making*	
speed reading		Auswendiglernen	
skimming		*outlining*	
scanning			
outlining			
note-making			
Aufnehmen		Verarbeiten	Kontrollieren

nahme und die Informationsverarbeitung, eine besondere Rolle, da man feststellen kann, daß die Mehrzahl aller Lerntechniken hier angesiedelt ist.

Alle Techniken, die die beiden rezeptiven Fertigkeiten, also das Hör- bzw. Hör-Seh-Verstehen und das Leseverstehen, unterstützen, gehören in diese Rubrik.

Beispiel:

Das sinnerschließende Lesen bzw. Hören, das mit Hilfe bereits bekannter Wörter der Muttersprache, der Zielsprache oder dritter Sprachen bzw. mit Hilfe des Kontextes geschieht, trägt lediglich dazu bei, einem Hör- bzw. Lesetext eine Information zu entnehmen. Um diese Information zu „lernen“, d.h. sie ins Langzeitgedächtnis zu überführen und sie abrufbereit zu machen, bedarf es weiterer Maßnahmen.

Allerdings gibt es in dieser Gruppe der Lerntechniken auch zwei Verfahren, die sowohl in der Aufnahmephase wie auch in

der Verarbeitungsphase des Lernprozesses ihre Bedeutung haben:
Das Anfertigen von Notizen *(notemaking)* kann einerseits lediglich die Entlastungsfunktion für das Gedächtnis übernehmen, so etwa beim Anfertigen eines Einkaufszettels. Andererseits können Notizen, die man z.B. zur Anfertigung eines Referates sammelt, vorhandenes Wissen aktivieren und mit neuen Gedanken verbinden, so daß bereits durch den Lernprozeß, der dem Aufschreiben vorangeht, und durch die Verknüpfung mit Bekanntem das Lernen eingeleitet wird.

Outlining. Das Anfertigen von Gliederungen zu einem vorgegebenen Text wäre lediglich ein Herausschreiben seiner strukturierenden Gesichtspunkte und seiner wesentlichen Aussagen. Es ginge also nicht über die Stufe des Aufnehmens hinaus. Andererseits kann das Anordnen von Notizen zu einer Gliederung dazu beitragen, die eigenen Gedanken zu einer bestimmten Fragestellung zu strukturieren. Und das Strukturieren von Wissen ist bereits ein wichtiger Schritt zu dessen Verankerung im Gedächtnis, also ein wichtiger Schritt zum Lernen.
Die Übersicht über die Lerntechniken zeigt auch, daß die dritte Stufe eines jeden Lernprozesses, die sich – nach der Aufnahme und der Verarbeitung – auf die Anwendung der Information bezieht, hier ausgespart wurde. Da nach meinem Verständnis Anwendung nur möglich ist, wenn das Lernen vorher mit einem gewissen Fertigkeitsgrad abgeschlossen wurde, können Techniken, die bei der Anwendung benutzt werden, nicht als Lerntechniken verstanden werden. Denn Lernen findet normalerweise in dieser Phase nicht mehr statt.[10] Die Techniken auf der Stufe der Anwendung könnten vielmehr als Kommunikationstechniken bezeichnet werden, die in engem Zusammenhang mit dem fremdsprachlichen Lernen stehen. Sie befinden sich jedoch außerhalb des Prozesses des Fremdsprachenerwerbs im engeren Sinne, in dem das eigentliche fremdsprachliche Wissen angeeignet wird. Daher können sie auch nicht als fremdsprachliche Lerntechniken bezeichnet werden, sondern fallen eher unter die allgemeinere Formulierung „Techniken bei der Benutzung von Fremdsprachen". Zu ihnen gehören Umschreibungstechniken, Vermeidungstechniken und Präsentationstechniken.

Aus dem beschriebenen Rahmen der Lerntechniken fallen außerdem auch alle jene Kenntnisse der Schüler heraus, die eine notwendige Voraussetzung für die Realisierung der verschiedenen Lerntechniken darstellen. So sind z.B. die Beherrschung des Alphabetes und das Verstehen der phonetischen Lautschrift unumgänglich bei der Benutzung eines Wörterbuches. Die grammatische Terminologie ist zwingend notwendig zum Auffinden einer gesuchten Struktur in einer Grammatik. Für die Verarbeitungsphase benötigt der Schüler Kenntnisse über die Handhabung verschiedener Aufgabenformen und bezogen auf den Unterricht das Verständnis für das entsprechende Verhalten in den verschiedenen Sozialformen. Schließlich muß er die wichtigsten *classroom phrases* beherrschen, um sowohl im Unterricht als auch beim Üben mit dem Schulbuch die Arbeitsanweisungen richtig zu verstehen.

Lerntechniken zum Fremdsprachenerwerb

vorausgesetzte Kenntnisse	Verfahren, die den Lernprozeß vorbereiten		Verfahren, die den Lernprozeß steuern	Verfahren, die den Lernprozeß kontrollieren	Verfahren, die die Kommunikation unterstützen
	Verfahren, die den Lerngegenstand bereitstellen	Verfahren, die den Lerngegenstand und das Lernumfeld aufbereiten			
Beherrschen des Alphabetes Sozialformen Aufgabenformen Classroom Discourse	Wörterbuchbenutzung Grammatikbenutzung Erschließungstechniken kombinierendes Lese- bzw. Hörverstehen segmentierendes Hören *speed reading* *skimming* *scanning* *outlining* *note-making*	Arbeitsplatzgestaltung Hausheft führen Grammtikheft führen Vokabelheft führen Lernzeitbestimmung	Vokabellernen Grammatikregeln lernen Visualisierungstechniken *note-taking* *note-making* Auswendiglernen *outlining*	Fehlerstatistik führen *proofreading* Tonbandkontrolle	Vermeidungsstrategien Präsentationstechniken Diskussionstechniken
	Aufnehmen		Verarbeiten	Kontrollieren	

4. Warum soll man Lerntechniken vermitteln?

Aus den vorangegangenen allgemeinen Beschreibungen von Lerntechniken wurden bereits einige Funktionen angesprochen, die Lerntechniken im Fremdsprachenerwerbsprozeß übernehmen können. Diese und andere wollen wir nun genauer betrachten:

Lerntechniken tragen zur Selbständigkeit und Mündigkeit der Schüler bei.

Die bereits genannte Aufgabe von Lerntechniken, das fremdsprachliche Lernen vorzubereiten, zu steuern und zu kontrollieren, hat letztlich zum Ziel, das Lernen der Schüler zu verbessern, um damit ihre Leistungsfähigkeit zu steigern. Dazu stellen Vettiger u.a. die Frage, wozu diese Leistungsfähigkeit ihrerseits dienen soll.[11] Zu ihrer Beantwortung sei an eines der obersten schulischen Erziehungsziele erinnert, das wohl in allen Ländern der Bundesrepublik Gültigkeit hat: Schüler zur Selbständigkeit und Mündigkeit zu erziehen. Beides sind Ziele, die leider nicht häufig genug mit Inhalt gefüllt und eher als wohlklingende Floskel verstanden werden. Sie spielen für die Entwicklung eines jungen Menschen eine bedeutende Rolle und müssen daher auch im Fremdsprachenunterricht angestrebt werden. Die Beherrschung von Lerntechniken stellt eine Voraussetzung für das Erreichen dieser Ziele dar.

Lerntechniken helfen, mehr und schneller zu lernen

Neben dieser pädagogischen Funktion von Lerntechniken gibt es den zweckrationalen Ansatz, der in zweierlei Hinsicht seine Bedeutung erhält. Die erste besteht darin, daß Lerntechniken es ermöglichen, die Lernzeit rationeller zu gestalten und sich damit in kürzerer Zeit den Wissensstoff anzueignen. Der zweite Gesichtspunkt hängt mit dem Ausmaß und der Geschwindigkeit des wissenschaftlichen und technischen Wandels und den damit verbundenen Informationshäufungen zusammen. Lerntechniken werden als ein Korrektiv für diesen Multiplikationseffekt verstanden.[12] Die Menge der Informationen, die im Laufe eines Schultages, eines Schuljahres oder gar der Schullaufbahn an Schüler weitergegeben wird, wächst aufgrund erweiterter Inhalte, neuer Fächer usw. immer mehr an. In diesen gesamten Wissenskomplex ist auch der Fremdsprachenunterricht einbezogen, der natürlich auch seinerseits einem steten Wandel unterliegt. Hierunter ist die Menge von Wortschöpfungen, bedingt durch Entwicklungen auf den verschiedensten Gebieten, der natürliche, ohnehin stattfindende Veränderungsprozeß einer lebenden Sprache sowie die Menge an landeskundlichen Informationen zu verstehen. Zu diesem sich häufig verändernden Anteil des fremdsprachlichen Wissens kommt natürlich noch jener, der das Grundwissen ausmacht. Er besteht aus einer für den Schüler zunächst unüberschaubaren Fülle von Einzeldaten.

Überall, wo außerhalb der Schule im täglichen Leben derartige Informationshäufungen zustande kommen, bedient man sich schon seit langem verschiedener Hilfsmittel, angefangen von der simplen Kartei hin bis zum vernetzten Computersystem und Datenbänken. Es ist nicht einsichtig, wieso entsprechende Strategien nicht auch zum Lernen benutzt werden sollten. Durch sie würde es möglich, der zu verarbeitenden Wissensmenge Herr zu werden. Lerntechniken dienen jedoch nicht alleine dazu, mehr zu lernen. Ein weiterer, wichtiger Vorteil besteht darin, dieses Wissen in kürzerer Zeit zu lernen. Das Lernen wird rationeller organisiert und dadurch Zeit gespart.[13]

Lerntechniken unterstützen den Prozeß des lifelong learning

Informationshäufungen und Wissenswandel führten zu dem Gedanken des *lifelong learning*, einem Lernen, das nicht mit dem Schulabschluß endet, sondern das den Menschen ständig fordert. In seinem Berufsleben ist es immer wieder nötig, Informationen aufzusuchen, zu ordnen, zu sammeln, zu gewichten und verschiedene Arbeitshilfen wie Lexika, Wörterbücher usw. zu benutzen. Auch im Privatleben werden viele Menschen besonders auf die Techniken des Fremdsprachenunterrichts zurückgreifen, ob sie nun die Gebrauchsanweisung der neuen Kamera verstehen, fremdsprachliche Literatur lesen, sich auf eine Urlaubsreise ins Ausland vorbereiten oder an Ort und Stelle bestimmte Informationen einholen wollen. Die hohe Zahl von Hörern, besonders in den fremdsprachlichen Kursen der Volkshochschulen, weist auf den hohen Bedarf hin, Fremdsprachen auch über die Schulzeit hinaus zu lernen. Und gerade hier, wo sich das gelenkte Lernen mit dem Lehrer normalerweise auf 1½ Wochenstunden beschränkt und der Lerner stark auf sich selber angewiesen ist, bedeutet das Beherrschen von Lerntechniken eine erhebliche Erleichterung. Ein weiterer Gedanke ist besonders in unserer Zeit der Arbeitslosigkeit von Bedeutung: Die Zahl der Menschen, die aufgrund beruflicher Veränderungen und Entwicklungen an Fortbildungslehrgängen teilnehmen, ist beachtlich. Hinzu kommt die Gruppe jener, die den Beruf wechseln und daher Umschulungskurse besuchen. Auch hier ist die Anleitung durch den „Lehrer" zeitmäßig gering, und der Hauptanteil des Lernprozesses wird vom Lerner selber übernommen. Auch für sie gilt, daß die Anwendung von Lerntechniken dem jeweiligen Schüler einen Vorteil vor anderen verschafft. Damit wird wiederum deutlich, daß eine wesentliche Voraussetzung für das *lifelong learning* die Sicherheit bei der selbständigen Steuerung von Lernprozessen ist. Hierzu ist die Beherrschung von Lerntechniken unumgänglich.

Lerntechniken fördern die Individualisierung des Lernprozesses

Bezogen auf den konkreten Unterricht selber lassen sich weitere Argumente für die Vermittlung von Lerntechniken[14] nennen: In jeder Schülergruppe befinden sich immer verschiedene Lernertypen. Sie werden nach bestimmten Gesichtspunkten voneinander unterschieden und meist bis zu ca. vier bis fünf Gruppen geordnet. Vester weist jedoch darauf hin, daß in einer Schulklasse bis zu 20 verschiedene Lernertypen auftreten können.[15] Bei dieser Zahl liegt der Schluß nahe, daß auch ein noch so schülerorientierter Unterricht nicht im notwendigen Maße auf die einzelnen Schüler eingehen und individuelle Verfahren anwenden kann. Vester fordert daher zu recht von der Schule, die Schüler zu befähigen, ihren persönlichen Lernertyp zu erkennen und ihm gemäße Lernstrategien anzuwenden, um den Lernprozeß soweit wie möglich zu individualisieren. Zu diesem Zweck muß der Schüler Gelegenheit haben, im Unterricht lerntechnische Alternativen kennenzulernen, um sich die für ihn geeigneten Möglichkeiten aussuchen zu können.

Lerntechniken spielen für den Abbau von Leistungsschwächen eine Rolle.

Die Klage von Englischlehrern über die Leistungsschwächen ihrer Schüler wird besonders in der Hauptschule, in zunehmendem Maße aber auch in der Realschule und im Gymnasium laut. Die Antwort auf die Frage nach der Entpflichtung mancher Schüler vom Englischunterricht wird von zahlreichen Hauptschullehrern zu ungunsten des Faches gegeben. Gleichzeitig wird jedoch nur selten gewährleistet, daß gerade jene Schüler, deren Leistungen Schwächen aufweisen mit Techniken vertraut werden, die ihr Lernen unterstützen. Die Argumentation mancher Lehrer ist dann die: man komme in der vorhandenen Zeit mit dem geforderten Stoff (sprich: Schulbuch) ohnehin nicht durch, geschweige denn, daß man zusätzliche Dinge berücksichtigen könne. Dazu fehle einfach die Zeit. Diesen Lehrern ist offensichtlich nicht deutlich, daß durch den Einsatz von Lerntechniken mehr Zeit für andere wichtige unterrichtliche Maßnahmen gewonnen werden kann. Außerdem scheint man sich nicht bewußt zu sein, daß gerade leistungsschwache Schüler Hilfen zum Lernen benötigen. Während findige Schüler Techniken zum Lernen einer Fremdsprache eher selber einmal entwikkeln, ist es notwendig, den übrigen Schülern Kenntnisse über Lerntechniken zu vermitteln und häufig mit ihnen zu üben.

Lerntechniken aktivieren Schüler und wirken als Lernverstärker.

Die häufig beklagte rezeptive Haltung von Schülern, weitgehend verursacht durch Überbetonung von Lehrervortrag und Frontalunterricht, kann zusammen mit der oft mangelnden Motivation von Schülern zum Fremdsprachenlernen zumindest zum Teil aufgefangen werden, indem ihnen Entscheidungsmöglichkeiten über den Lernstoff, die Lernzeit oder das Lernziel gegeben werden. Neuere didaktische Ansätze, z.B. das Projekt TABAC *(Task Based Language Activities)* mit dem sich zur Zeit H.E. Piepho befaßt, stellen dies als Forderung auf, denn erst durch ein solches Angebot zur Entscheidung kann im Schüler das Bewußtsein entstehen, ernstgenommen zu werden. Umso eher ist er bereit, sich im Unterricht aktiv einzusetzen, Vorschläge zu entwickeln, kritisch zu hinterfragen und konstruktive Beiträge zu leisten. Notwendige Grundlage für dieses selbständige Arbeiten von Schülern ist die Kenntnis verschiedener Lerntechniken. Mit ihrer Hilfe kann es ihnen gelingen, das Wesentliche einer Information zu erkennen, einen Überblick zu erhalten, kritische Stellungnahmen abzugeben, zu strukturieren, zu ordnen. Die Kenntnis von Lerntechniken und erste Einblicke in das Funktionieren von Lernen, können die Schüler zudem in die Lage versetzen, durch die selbständige Auswahl für sie geeigneter Übungsformen und mit ihnen verbundener Erfolgserlebnisse auch selber Lernverstärker im Sinne Skinners zu beschaffen, die ihnen im Unterricht, im Klassenverband, oft nicht zukommen.[16]

Lerntechniken tragen dazu bei, Leistungsstreß abzubauen.

Oft wird heutzutage von Lehrern und Eltern als Folge der Arbeitsmarktsituation der hohe, häufig selbstgesetzte Leistungsdruck beklagt, unter dem Schüler stehen. Eine noch bessere Note in einem Fach zu erhalten und den Notendurchschnitt noch mehr zu steigern, sind die schulischen Ziele vieler Jugendlicher. Der damit entstehende Streß und der Leistungsdruck beeinträchtigen jedoch ihre Leistungsfähigkeit und der Teufelskreis schließt sich. Schüler, die sich stattdessen bewußt sind, daß sie ihre Lernprozesse selbständig steuern können, die ihre Lernzeit einzuplanen wissen, die Verfahren kennen, die ihrem Lernertyp am ehesten entsprechen und die schließlich ihre Lernleistungen selbständig kontrollieren können, solche Schüler werden nicht so leicht in diesen Teufelskreis geraten, wie jene, die hilflos dem Lernstil und dem Lerntempo der gesamten Lernergruppe ausgesetzt sind, in der sie sich befinden.

Gründe, die dafür sprechen, Lerntechniken im Englischunterricht zu vermitteln, lassen sich mit folgenden Stichworten zusammenfassen:

- Lerntechniken tragen zur Selbständigkeit und Mündigkeit der Schüler bei.
- Lerntechniken helfen als Korrektiv zu Informationshäufungen, mehr und schneller zu lernen.
- Lerntechniken unterstützen den Prozeß des *lifelong learning*.
- Lerntechniken fördern die Individualisierung des Lernprozesses.
- Lerntechniken spielen für den Abbau von Leistungsschwächen eine Rolle.
- Lerntechniken aktivieren die Schüler und wirken als Lernverstärker.
- Lerntechniken tragen dazu bei, Leistungsstreß abzubauen.

5. Wann soll man welche Lerntechniken einführen?

Die folgende Übersicht ist der Versuch einer Zusammenstellung der wichtigsten Lerntechniken, die für den Fremdsprachenunterricht eine Rolle spielen, ohne daß sie Vollständigkeit beanspruchen kann. Bei der Durchsicht der Liste ist zu berücksichtigen, daß sich hinter dem Namen einer dort genannten Lerntechnik, z.B. Auswendiglernen, weitere *sub-skills* verbergen können, die erst in dem jeweiligen Kapitel genannt werden.

Die Liste der Lerntechniken ist nach Lernjahren geordnet und nicht nach einzelnen Klassenstufen. Es liegt im Ermessen der Lehrer, die ihre Klasse am besten kennen, wann welche Technik zum ersten Mal vermittelt wird. Der hier vorgegebene Vorschlag ist nur ein grober Raster, denn jede Technik behält bis zum 10. Schuljahr ihre

eigene Bedeutung.
Eine Zuordnung der Lerntechniken zu den verschiedenen Schularten entfiel, da es sich bei fast allen genannten Verfahren um Grundfertigkeiten handelt, die – von wenigen Ausnahmen abgesehen – für den Fremdsprachenerwerb eines jeden Schülers wichtig sind.
Keine der genannten Lerntechniken wird bis zum 10. Schuljahr überflüssig. Sobald sie einmal eingeführt ist, sollte sie kontinuierlich mit den Schülern geübt und besprochen werden, und zwar bis zur 9. bzw. 10. Klasse. Allerdings geschieht eine Verschiebung der Gewichtung der Lerntechniken im Laufe der Sekundarstufe I: So verliert z.B. das Auswendiglernen mehr und mehr seine Bedeutung zugunsten des freieren Sprechens und das Abschreiben wird in dem Maße bedeutungslos, in dem der Schüler selbständig Texte produziert.
Andere Lerntechniken bedürfen wiederum der ständigen Aufmerksamkeit des Lehrers, denn sie sind so komplex, daß sie schrittweise eingeführt werden müssen. Die Handhabung eines Wörterbuches beginnt z.B. bereits in der Orientierungsstufe, wenn alphabetische Wortschatzlisten geführt und benutzt werden. In den Klassen 7 und 8 wird das zweisprachige Wörterbuch in den Mittelpunkt der Aufmerksamkeit gerückt, während es in der 10. Klasse durch ein einsprachiges Wörterbuch abgelöst wird. Solche Lerntechniken ziehen sich also wie ein roter Faden durch alls 9 bzw. 10 Schuljahre.
Eine dritte Gruppe von Lerntechniken verdient schließlich im Unterricht eine besondere Aufmerksamkeit, nicht weil sie so komplex wäre, sondern weil sie den Schülern ganz einfach lästig ist und daher leicht vernachlässigt wird. Dazu gehört z.B. das Vokabellernen oder das Führen eines Grammatikheftes.
Schließlich sollten jene Techniken immer wieder geübt und auch besprochen werden, die besonders durch die eigene Erfahrung der Schüler verständlich werden und in ihren Augen an Bedeutung gewinnen. Eine lediglich verbale Beschreibung ihres Funktionierens würde die Schüler kaum überzeugen. Mit dieser Gruppe sind Lerntechniken gemeint, die besonders beim Hörverstehen oder beim Leseverstehen angewendet werden, wie z.B. das sequentielle Kombinieren oder das segmentierende Hören.

Einführung von Lerntechniken

am Beispiel des Englischunterrichtes der Sekundarstufe I

1./2. Lernjahr

einzuführende Lerntechniken

- Abschreiben
- Auswendiglernen
- Erschließen der Bedeutung einzelner Wörter / leichter Texte mit Hilfe der Muttersprache
- Benutzen von alphabetischen Wortschatzlisten
- Führen eines Vokabelheftes / einer Vokabelkartei

	• Lernen von Vokabeln • Erkennen der phonetischen Lautschrift • Herleiten einfacher Grammatikregeln • Führen eines Grammatikheftes • Anwenden von Visualisierungstechniken
Lern-voraussetzungen	• Kenntnis des englischen Alphabetes • Kenntnis der wichtigsten grammatischen Termini • Kenntnis englischer Eigennamen und geographischer Bezeichnungen • Beherrschen der wichtigsten englischen Strukturwörter • Bedienung eines Kassettenrekorders/Tonbandgerätes • Kenntnis von *classroom phrases* • Kenntnis verschiedener Aufgabenformen • Verständnis für die verschiedenen Sozialformen
3./4. Lernjahr	
einzuführende Lerntechniken	• Benutzung eines zweisprachigen Wörterbuches • Erschließen der Bedeutung von Wörtern und Texten mit Hilfe der Zielsprache • Erschließen der Bedeutung von Wörtern und Texten mit Hilfe weiterer Fremdsprachen • Erschließen der Bedeutung von Wörtern und Texten mit Hilfe des Kontextes • Führen einer Fehlerstatistik • Durchführung selbständiger Übungen • Benutzen eines grammatischen Nachschlagewerkes • Nachschlagen in Stichwortverzeichnissen • segmentierendes Hören • sequentielles Kombinieren • sinnerschließendes Hören/Lesen • informationssuchendes Hören/Lesen • *note-taking practice* • *note-making practice* • *skimming* • *scanning* • *speed reading* • Herstellen von Gliederungen *(Outlining)*
zu vertiefende Lerntechniken	• Interpretation der phonetischen Lautschrift • Herleiten von Grammatikregeln • Anwenden von Visualisierungstechniken

	• Führen eines Grammatikheftes
Lern-voraussetzungen	• erweiterte Kenntnisse grammatischer Termini, bestimmter *classroom phrases* etc. (vgl. 1./2. Lernjahr)
5./6. Lernjahr	
einzuführende Lerntechniken	• Erschließen der Bedeutung von Texten mit Hilfe internationaler Fremdwörter • Benutzung eines einsprachigen Wörterbuches
zu vertiefende Lerntechniken	• Benutzung eines zweisprachigen Wörterbuches • Herleiten von Grammatikregeln • Benutzen eines grammatischen Nachschlagewerkes • Führen einer Fehlerstatistik • Durchführung selbständiger Übungen • segmentierendes Hören • sequentielles Kombinieren • sinnerschließendes Hören/Lesen • informationssuchendes Hören/Lesen • *note-taking practice* • *note-making practice* • *skimming* • *scanning* • Herstellen von Gliederungen
Lern-voraussetzungen	wie oben

Lerntechniken vermitteln heißt nicht: Schüler be-lehren wollen

Jedem Lehrer ist die Denk- und Verhaltensweise vertraut, den Schüler be-lehren zu wollen, d.h. auf ihn einzuwirken, ihm das Wissen zuzuführen, ihn zum Be-lehrten, nicht aber zum Lernenden zu machen. Dabei richtet sich das Denken eines jeden Lehrers auf die Art seines Lehrens, auf Strategien der Vermittlung, auf Unterrichtsmethoden. Nur sehr selten werden Initiativen und Entscheidungen den Schülern überlassen.

Sie sind es aber, die den Lerngegenstand verarbeiten müssen, sie lernen, sie brauchen Lerntechniken.

Will ein Lehrer hier unterstützend eingreifen, also Lerntechniken vermitteln, so gilt es, Lerntechniken richtig zu verstehen und in den Unterricht einzubauen.

Der Lehrer muß einerseits den Lernprozeß aus Schülersicht sehen und die verschiedenen Möglichkeiten des Lernens erkennen. Andererseits muß er sich auch auf die Metaebene begeben und darüber nachdenken, welche Methode er anwenden möchte, um den Schülern bestimmte Lerntechniken nahezubringen. Ein Unter-

richt, der Lerntechniken zum Hörverstehen vermitteln möchte, unterscheidet sich also von einer Englischstunde, in der es um die Übung des Hörverstehens am Beispiel eines ausgewählten Hörtextes geht. Im ersten Fall fragt sich der Lehrer, welche Techniken der Schüler kennen muß, um einen gehörten Text leichter zu verstehen und wie er ihm diese Technik vorführen kann.
Im zweiten Fall richtet sich das Interesse des Lehrers auf die methodische Darbietung des Hörtextes und damit auf Fragen wie: Wird der Text einmal oder zweimal vorgespielt? Soll ich ihn zunächst in Abschnitten oder lieber als ganzes vorstellen? usw.

Woran sollte man denken, wenn man Lerntechniken in die Unterrichtsarbeit einbauen möchte? Welche Informationen braucht ein Lehrer?

- Wichtig ist ein Überblick über die didaktischen Problemstellungen beim Erwerb von sprachlichen Teilkompetenzen. Erst dann kann die geeignete Lerntechnik ausgewählt werden.
- Wichtig ist ein Wissen um lernpsychologische Vorgänge, um den richtigen Zeitpunkt für den Einsatz von Lerntechniken zu wählen.
- Wichtig ist ein Überblick über die Vielfalt von fremdsprachenspezifischen Lerntechniken, um die Alternativen richtig zu sehen.
- Wichtig ist ein ständiges Arbeiten mit und Wiederholen von Lerntechniken, damit sie den Schülern vertraut werden und bleiben. Einige Stichworte geben Erinnerungshilfe:
  - der Grundsatz, das selbständige Lernen der Schüler bei möglichst allen unterrichtlichen Gelegenheiten zu fördern
  - die wiederholte Überprüfung des Verfügungsgrades der Lerntechniken bei den Schülern[17]
  - die schrittweise und systematische Einführung der Lerntechniken
  - die Durchführung der Übung von Lerntechniken im Unterricht und keine ausschließliche Verschiebung ihrer Übung auf das häusliche Lernen
  - die wiederholte Darstellung der angewandten Lerntechniken durch die Schüler im Unterricht.

Vorschläge, die zur Vermittlung von Lerntechniken führen sollen, sind in der Literatur sehr vielfältig:
- „Schaffung eines Faches Arbeitstechnik
- Durchführung einer Studienwoche zum Thema Arbeitstechniken
- einzelne Vorträge zu bestimmten Kapiteln der Arbeitstechnik
- Einbezug in den normalen Unterricht
- Kombination verschiedener Formen“[18]

Zusätzlich wird auf die Möglichkeit von Sprechstunden zur Arbeitstechnik für Schüler hingewiesen.[19]
Vettiger u.a. greifen den Gedanken der Integration in den normalen Unterricht heraus, da im Kontext des Unterrichts zahlreiche Gelegenheiten vorhanden sind, das Funktionieren von Lerntechniken zu demonstrieren. Das heißt, im Unterricht werden Lerntechniken handelnd erworben, „anstatt in Theorielektionen gelernt werden zu müssen“.[20] Dieser integrative Ansatz erscheint umso einleuchtender, als auf den Lernfortschritt des Schülers im gleichen Tempo die benötigten und zum Teil aufeinander aufbauenden Lerntechni-

ken des jeweiligen Schulfaches abgestimmt werden können. Wünschenswert ist also, daß die Vermittlung von Lerntechniken ein Unterrichtsprinzip eines jeden Schulfaches ist, das – in Abstimmung mit den übrigen Fächern – die Vermittlung dieser Techniken schrittweise vorsieht und daß somit jede Fachkonferenz einer Schule diese Aufgaben bei ihrer Arbeitsplanung berücksichtigt. „Denn die Vermittlung von Arbeitstechniken kann nicht bloß dem Zufall der situativen Laune des Lehrers oder sonstigen günstigen Gelegenheiten überlassen bleiben“.[21]

6. Lerntechniken und sprachliche Teilkompetenzen

Im Sinne der Integration der Lerntechniken in den fremdsprachlichen Unterricht sollen die oben genannten, in der Schullaufbahn chronologisch auftretenden Lerntechniken nun den fremdsprachlichen Teilkompetenzen zugeordnet werden. Denn der Lehrer/die Lehrerin wird bei der täglichen Unterrichtsvorbereitung von ihnen ausgehen und z.B. bei einer Unterrichtsstunde, die das Hörverstehen zum Schwerpunkt hat, die Vermittlung und Übung jener Lerntechniken vorsehen, die für diese Fertigkeit von besonderer Bedeutung sind. Dabei wird noch einmal deutlich werden, daß Lerntechniken insbesondere in der Aufnahme – und Verarbeitungsphase auftreten und daß jeweils bestimmte Voraussetzungen gewährleistet sein müssen.

Die Zuordnung der einzelnen Lerntechniken zu den verschiedenen Teilkompetenzen bedeutet jedoch nicht, daß diese Lerntechniken ausschließlich in diesem Zusammenhang angewandt werden können. Das mehrfache Auftreten des gleichen Lernverfahrens bei verschiedenen Kenntnissen und Fertigkeiten, ist sehr gut möglich. Außerdem ist zu vermerken, daß nicht immer alle genannten Lerntechniken angewandt werden müssen, um erfolgreich zu lernen. Es geht vielmehr darum, daß der Schüler die für ihn persönlich geeigneten und wirksamen Verfahren kennt und anwendet. In anderen Fällen ist wiederum eine Kombination der verschiedenen Lerntechniken zu empfehlen. Dies kann jedoch aus einer systematischen Übersicht nicht hervorgehen, sondern muß von Fall zu Fall vom Lerner selber erprobt werden.

Lerntechniken und sprachliche Teilkompetenzen

sprachliche Teilkompetenzen	Lerntechniken, die Lernprozeß vorbereiten	 Lernprozeß steuern	Voraussetzungen beim Schüler
Wortschatz	Erschließen der Bedeutung mit Hilfe – der Muttersprache – der Zielsprache – weiterer Fremdsprachen – internationaler Fremdwörter	Vokabelheft/Vokabelkartei führen Vokabelwissen aufbauen Fehlerstatistik führen	Alphabet Lautschrift Aufgabenformen Sozialformen

	– des Kontextes Benutzung eines Wörterbuches	Übungen durchführen – Reihengliederung – Klassifizierung – Ablaufgliederung – Assoziationsübung	*Classroom Phrases*
Grammatik	grammatische Nachschlagewerke kennen Aufbau der eigenen Grammatik kennen Stichwortverzeichnis benutzen Visualisierungstechniken kennen	Herleiten von Grammatikregeln Regelwissen aufbauen Grammatikheft führen Präsentationstechniken Führen einer Fehlerstatistik	Alphabet grammatische Terminologie Aufgabenformen Sozialformen *Classroom Phrases*
Hören	Segmentieren sequentielles Kombinieren erschließendes Hören *pre-questions / information search* *note-taking practice*	*note-making practice*	englische Strukturwörter u. ä. Wortgruppen kennen Aufgabenformen Sozialformen *Classroom Phrases*
Lesen	*skimming* *scanning* *search-reading:* – SQ3R Methode – Murder Schema – erschließendes Lesen – *pre-questions* – *note-taking*	Auswendiglernen Systematisieren des Textes Benutzung von Nachschlagewerken *note-making*	Alphabet Nachschlagewerke kennen Aufgabenformen Sozialformen *Classroom Phrases*
Sprechen	Auswendiglernen – Vor-sich-hinsprechen – Nachsprechen – Mitsprechen – *read & look up* – *overlearning* – stiller Monolog – Lokalisierungsmethode – *backward build up technique* – Vorstellungsbilder Nachschlagewerke benutzen	*note-making*	Bedienung eines Kassettenrekorders Aufgabenformen Sozialformen *Classroom Phrases*
Schreiben	Abschreiben *note-taking:* – schnelles Notieren – Abkürzungen – Zeichen u. Symbole *Outlining*	*note-making* *proof reading* Fehlerstatistik führen Wörterbuch benutzen grammatisches Nachschlagewerk benutzen	Aufgabenformen Sozialformen *Classroom Phrases*

Lerntechniken und Lehrpläne

Grundlagen für die integrative Vermittlung von Lerntechniken müssen die Lehrpläne für die einzelnen Fächer bieten. Wenn in der Fachliteratur vor nicht langer Zeit dies noch als Wunsch formuliert wurde[22], läßt sich zumindest bezogen auf das Fach Englisch in der Sekundarstufe I sagen, daß die Lehrpläne die Vermittlung von Lerntechniken inzwischen in zunehmendem Maße in ihre Lernzielkataloge aufnehmen.[23] Auch wenn die Lerntechniken nicht immer in einem eigenen Kapitel ausgewiesen werden, so sind sie doch häufig implizit in den Lernzielformulierungen enthalten, wie etwa in diesem Beispiel: „Fähigkeit, Texte durch genaues Lesen in allen Einzelheiten zu verstehen;"[24]

Da der Fremdsprachenunterricht in der Sekundarstufe I in starkem Maße an dem eingeführten Schulbuch orientiert ist, wäre es wünschenswert, wenn auch die Schulbuchautoren die Vermittlung von Lerntechniken in den Aufbau des Lehrgangs integrieren würden. Dies ist bisher leider nur in den Englischbüchern „English In Action" und „Contacts" gezielt durchgeführt worden.

Im Zusammenhang mit der Lehreraus- und -fortbildung sollte versucht werden, das notwendige Wissen verstärkt an die Lehrer heranzutragen und in ihr Bewußtsein zu bringen. Denn wenn bei ihnen ein Informationsdefizit besteht, wird es kaum möglich sein, Schüler zu autonomen Lernern zu erziehen. Als besonders geeignet erscheinen schulinterne Fortbildungsveranstaltungen, z.B. die Durchführung eines Studientages des Lehrerkollegiums einer Schule. Dabei werden der Schulleiter, der pädagogische Leiter einer Schulstufe wie auch der Vorsitzende einer Fachkonferenz gefordert, diese Frage mehr in den Mittelpunkt der schulischen Arbeit zu rücken.

Arbeitsgrundlage des Lehrers auf der Basis des jeweils eingeführten Lehrplanes und Schulbuches ist der Arbeitsplan. Er sollte jeweils eine eigene Rubrik aufweisen, in der die vorgesehenen Lerntechniken für eine bestimmte Unterrichtseinheit eingetragen werden. Auf diese Weise kann erreicht werden,

- daß Lerntechniken von allen Lehrern der Fachkonferenz einer Schule vermittelt werden
- daß die Lerntechniken kontinuierlich und über mehrere Schuljahre hin geübt und ausgebaut werden,
- daß Lerntechniken nicht als Selbstzweck dargestellt werden, sondern jeweils, eingebunden in eine Unterrichtseinheit, eine funktionale Aufgabe übernehmen.

Lerntechniken in der Unterrichtsrealität

Obwohl die Lehrpläne nun vermehrt die Vermittlung von Lerntechniken vorsehen, wird dieser Forderung in der Unterrichtsrealität nur selten entsprochen. Die Auswertung zweier Fragebogenerhebungen, die sich an Englischlehrer bzw. Schüler der Sekundarstufe I in Hauptschule, Realschule und Gymnasium wandten, bestätigte, daß die Vermittlung von Lerntechniken zu den vernachlässigten Bereichen des Englischunterrichts gehört.

Für den Erwerb der einzelnen sprachlichen Teilkompetenzen sind Schülern kaum Lerntechniken bekannt. Eine Ausnahme stellen lediglich Verfahren zum

Vokabellernen dar. Die wenigen Informationen, die Schüler über Lerntechniken haben, wurden ihnen primär durch Eltern (und Verwandte) und durch Mitschüler vermittelt. Erst an dritter (!) Stelle werden Fremdsprachenlehrer genannt. Eine nicht unbeträchtliche Zahl von Schülern gibt außerdem an, daß sie einige Lerntechniken selber erfunden haben.
Die Folge ist, daß in der Schülerrealität u.a. auch solche Verfahren benutzt werden, die für das Lernen eher hinderlich sind.
Zahlreiche Gespräche mit Lehrern wie auch die Fragebogenerhebung ließen erkennen, daß die Bedeutung der Lerntechniken von Kollegen zwar hoch eingeschätzt wird, daß man aber nicht über die nötigen Informationen verfügt, um sie systematisch und gezielt in den Fremdsprachenunterricht einzubauen.

2

Lerntechniken für die Unterrichtspraxis

Wortschatzerwerb

Wie lernst Du die Vokabeln?
Ich lese sie ein paarmal durch und versuche, sie aufzuschreiben.

Was bereitet Dir die meisten Schwierigkeiten beim Lernen der neuen Wörter?
Daß man sie so lange behalten muß.

Lerntechniken im Überblick

1. Ohne Wortschatzarbeit kein Sprachenlernen

Für die Vermittlung des fremdsprachlichen Wortschatzes schlägt Doyé[1] drei Phasen vor: die Darbietung bzw. Aufnahme – die Übung – die Integrierung. Für die erste Phase trifft er dabei eine Unterscheidung entsprechend dem Blickwinkel, unter dem die Vermittlung geschieht: Darbietung aus der Sicht des Lehrenden, Aufnahme aus der Sicht des Lernenden. Eine entsprechende Differenzierung für die beiden anderen Phasen sieht er nicht vor. Für die Integrierung (3. Phase) ist dies auch wohl nur schwer möglich. „Durch die Verwendung der Wörter in immer neuen sprachlichen und situativen Zusammenhängen werden ihre Bedeutung und Kollokation schließlich so weitgehend erfaßt, daß die Wörter dem Schüler dann zum freien Gebrauch zur Verfügung stehen."[2] Für eine derartige Verwendung benötigt der Schüler jedoch entweder die Hilfe des Lehrers oder eines Schulbuches, die ihm diese geeigneten situativen Zusammenhänge bereitstellen. Lerntechniken alleine helfen auf dieser Stufe des Spracherwerbs nicht mehr weiter.

Der Übungsprozeß der zweiten Phase (Übung) bedarf aus dem gleichen Grunde zwar weitgehend der Hilfe des Lehrers oder eines didaktisch aufbereiteten Übungsmaterials, kann andererseits aber auch durch bestimmte Verfahrensweisen vom Schüler übernommen werden.

Aus der Sicht des Lernenden und der von ihm anzuwendenden Lerntechniken ergibt sich daher eine Verschiebung und Differenzierung der Phasen des Spracherwerbs im Vergleich zur Vermittlung durch den Lehrenden:

Lehrender:	Lernender:
Darbietung	Aufnahme
	Verarbeitung
Übung	Übung
Integrierung	---

Aus dieser Gegenüberstellung wird deutlich, daß die Lerntechniken der Schüler zur Erarbeitung eines fremdsprachlichen Wortschatzes ganz besonders in der Erwerbsphase und weniger in der Anwendungsphase von Bedeutung sind. Die Möglichkeiten, die den Schülern dabei zur Verfügung stehen, werden im folgenden beschrieben.

2. Lerntechniken

Bei der **Aufnahme eines fremdsprachlichen Wortes** müssen die Schüler jeweils drei Komponenten verarbeiten: seine Aussprache, seine Orthographie und seine Bedeutung.[3] Letztere stellt die Hauptschwierigkeit beim Vokabellernen dar. Daher konzentrieren sich die folgenden Ausführungen auf diesen Bereich.

In der Schulpraxis sind die Situationen sehr zahlreich, in denen Schüler auf ein Wort stoßen, das ihnen unbekannt ist oder zu sein scheint. Entweder wurde es vom Lehrer – bewußt oder unbewußt – nicht eingeführt oder es war bereits im Unterricht schon einmal da, der Schüler hat es aber wieder vergessen. In einer solchen Situation hat er die Möglichkeit, durch verschiedene Verfahren vielleicht doch noch die Bedeutung zu erfassen.

Denninghaus verweist in diesem Zusammenhang auf die russische Sprachlehrforschung, die den potentiellen Wortschatz von Schülern in den Mittelpunkt stellt.[4] Darunter versteht Denninghaus „diejenigen Wörter einer Sprache, die die Lernenden nie zuvor gehört oder gelesen haben, aber dennoch bei einer eventuellen Begegnung verstehen würden."[5] Er stellt zahlreiche Wortpaare als Beispiele nebeneinander, deren zweites Element von den Schülern nicht mehr gelernt werden braucht,

fair	– *unfair*
happy	– *unhappy*
care	– *careful*
hope	– *hopeful*
lip	– Lippe
pill	– Pille
send	– senden
land	– landen
information	– Information
exportation	– Exportation

Derartige Modelle werden von den Schülern umso leichter erkannt, je mehr Wörter der entsprechenden Typen aus dem realen Wortschatz einander zugeordnet werden können. Diese Wortbezugsmodelle werden dann entweder unbewußt internalisiert oder bewußt gelernt. Besonders für das bewußte Lernen tritt auch Kastovsky ein: „Die Vermittlung phonologischer, morphologischer und syntaktischer Regularitäten gehörte schon immer zum Grundbestand des Fremdsprachenunterrichts. Es ist nicht einzusehen, weshalb dies nicht auch für die Wortbildungsregularitäten gelten sollte, und es erscheint mir nicht nur sinnvoll, sondern sogar überaus notwendig, diese systematisch zu einem festen Bestandteil der Wortschatzarbeit zu machen."[6] Wir schließen uns dieser Meinung an und möchten solche Verfahren der Bedeutungsermittlung unter die Lerntechniken einreihen.

Einschränkend sei zuvor jedoch darauf hingewiesen, daß Denninghaus Analogieschlüsse aufgrund derartiger Wortbezugsmodelle auf den passiven Wortschatz beschränkt. Er sagt selbst: „Eigenbildungen sind also riskant und führen mit hoher Wahrscheinlichkeit zu einer nicht akzeptablen oder nicht gebräuchlichen Form."[7] An diesem Punkt setzt auch die Kritik an dieser Theorie des potentiellen Wortschatzes an. Alfes sieht Gefahren für eine fehlsteuernde *pattern*-Produktivität und befürchtet die Entwicklung einer unkontrollierten potentiellen Fehlkompetenz, der schlecht entgegenzuwirken sei.[8] Als Beleg für die Menge der möglichen Fehlschlüsse eröffnet er eine Art Gegenliste[9] zu den Übersichten von Denninghaus, in die er Wörter aufnimmt, die – trotz Kenntnis ihrer einzelnen Elemente – beim Schüler zu Mißverständnissen führen müssen, z. B.

blue-book	Weißbuch
blue-jacket	Matrose
white-war	kalter Krieg
outdo	übertreffen
outblaze	aufflammen
dog's ear	Eselsohr (Buch, Heft)
animal size	Tierleim

Sicherlich treffen diese Beispiele zu. Alfes berücksichtigt dabei jedoch nicht, daß keines dieser Beispiele zum Wortschatz von

Schülern der Sekundarstufe I gehört, wenn man sich etwa am *Threshold-level* orientiert. In einem späteren Aufsatz zu dieser Problematik führt er zwar weiterhin seine Bedenken an, erkennt jedoch auch die Vorteile dieser Lerntechnik an.

„1. Latente Lernstrategien begründen eine die reale erheblich übersteigende potentielle Wortkompetenz.
2. Analogieschlüsse werden wesentlich aus graphologisch/phonologischen Ähnlichkeiten zwischen Mutter- und Fremdsprache gezogen.
3. Morphologische strukturale Übereinstimmungen sind ebenfalls erkenntnisleitend ...
4. Unabhängig vom Bezugsmuster lenken Kontexte latente Lernprozesse. Nicht oder falsch verstandene Paradigmen werden aus Einbettungen bis zu 50% und mehr korrekt erschlossen.“[10]

Immer wird es nicht gelingen, mit Hilfe des potentiellen Wortschatzes die Bedeutung unbekannter Wörter zu erschließen. Doch die vielfältigen Verfahren, ihn zu aktivieren, lassen recht gute Chancen zu. Jeder Schüler wird außerdem auch nicht mit allen Verfahren zurechtkommen. Wichtig ist aber, daß er die Kenntnis von zwei bis drei verschiedenen Möglichkeiten hat und sie im gegebenen Augenblick anwendet.

Das Erschließen von fremdsprachlichen Wortbedeutungen

Ausgangsmaterial	Sprachvermittlungstheorie	Bezug zu	Bezugsaspekt
Einzelwörter	Sprachentwicklungsgesetze Sprachentwicklungsgesetze Wortbildungsgesetze Assimilierungsgesetze	Muttersprache weitere Fremdsprache(n) andere Wörter der Zielsprache internationale Fremdwörter	Sprachform
Wörter im Kontext	Lerngesetze Kommunikationsgesetze	Fotos, Zeichnungen, Skizzen usw. Gesamtkontext, Kommunikationssituation	Sprachinhalt

Will der Schüler ein Einzelwort verstehen, ohne den situativen Zusammenhang oder den Kontext zu kennen, kann er Erkennungshilfen durch die Sprachform des Wortes erhalten sowie durch den Bezug zu einem anderen, ihm bekannten Wort.

Letzteres kann der Muttersprache, einer weiteren Fremdsprache oder der Zielsprache entnommen werden oder auch ein internationales Fremdwort sein. Durch das Herstellen eines Bezuges zwischen dem bekannten und dem unbekannten Wort kann der Schüler auf die Bedeutung „schließen“.[11]
Soll der Schüler die Bedeutung eines Wortes erfassen, dessen visuellen, sprachlichen und situativen Kontext er kennt, kann er dies mit dessen Hilfe und ggf. zusätzlich unter Berücksichtigung der sprachlichen Form erreichen.

- **mit Hilfe der Muttersprache**

Die Muttersprache bietet sich als interlinguale Vergleichsgrundlage an, um auf die Bedeutung eines unbekannten fremdsprachlichen Wortes zu kommen. Damit kann das Hochdeutsche sowie ein Dialekt gemeint sein, der dem Schüler zumindest passiv geläufig ist. Zwar ist das Deutsche weder mit dem Englischen noch mit dem Französischen so nahe verwandt, wie z.B. die romanischen Sprachen untereinander, doch gibt es eine Vielzahl von Beispielen, die belegen, daß durch die Sprachentwicklung Parallelen zwischen Ausgangs- und Zielsprache vorhanden sind, wie sie etwa Denninghaus nennt:

rash – rasch
pack – packen
lamp – Lampe
hand – Hand
ebb – Ebbe
hen – Henne

In allen diesen Fällen macht die Morphologie der Wörter die Gemeinsamkeit aus, auch wenn sie nicht identisch, sondern nur ähnlich sind. Der Schüler wird daher keine Probleme beim Erfassen der Inhalte dieser Vokabeln haben und die diesem Phänomen zugrundeliegenden Sprachentwicklungsgesetze gar nicht erst benötigen, wenn er die Wörter schriftlich vor sich hat. Werden sie ihm jedoch nur akustisch vorgestellt, so könnte er je nach seinem Kenntnisstand Schwierigkeiten bekommen (z.B. *knot*).
Auch Doyé weist auf die notwendige Unterscheidung zwischen akustischer Ähnlichkeit und graphischer Ähnlichkeit hin. „Es kommt darauf an, die jeweils in einer Hinsicht bestehende Ähnlichkeit – akustisch oder graphisch – zu nutzen, indem man von *dieser* bei der Erklärung ausgeht.
„Akustische Ähnlichkeit (resemblance, acoustic)
shoe, fish, mouse, sugar
begin
brown
thousand
Graphische Ähnlichkeit (resemblance, graphic)
theatre, minute, cathedral, salt
wash
round
hundred, half“[12]
Syntaktische Unterschiede in den Beispielen von Denninghaus werden durch Endungen hergestellt. Sie werden von den Schülern jedoch kaum bewußt wahrgenommen und versperren daher auch nicht den Weg zur Bedeutungserschließung.
Der praktische Vorteil des Verfahrens, die Muttersprache zur Hilfe zu nehmen, liegt im Vergleich zu den übrigen Möglichkeiten darin, daß normalerweise jeder Schüler diese Sprache beherrscht und es vom Schwierigkeitsgrad her sowohl im Gymna-

sium als auch in der Hauptschule geleistet werden kann.

Schülerarbeitsbuch S. 13

• **mit Hilfe weiterer Fremdsprachen**
Für viele Schüler entfällt die Möglichkeit, eine weitere Fremdsprache zum Vergleich englischer Wörter hinzuzuziehen, weil sie diese nicht kennen. Diejenigen Schüler aber, die mindestens zwei Fremdsprachen erlernen, sollten immer wieder auf das Verfahren hingewiesen werden, aus parallelen Sprachbildungen und den ihnen zugrunde liegenden Sprachentwicklungsgesetzen die Bedeutung zu erschließen und dabei zur Festigung beider Fremdsprachen beizutragen.

Schülerarbeitsbuch S. 12

Auch Zapp sieht die vergleichende Sprachbetrachtung als wichtige Lerntechnik an, weist jedoch auf die Gefahr hin, daß die unterschiedlichen Konnotationen der Begriffe vom Schüler nicht erfaßt werden und es zum negativen Transfer kommt. „Damit fließt in den Englischunterricht unkontrolliert ein Wortschatz ein, der für die Schüler verhängnisvolle Folgen haben kann. Weder Wortart, noch Akzentverschiebung, sprachliche Register und semantische Veränderungen werden bei den Einträgen berücksichtigt; die Bedeutung der neusprachlichen Lexeme ergibt sich für den Schüler aus dem lateinischen Wort und seiner deutschen Übersetzung."[13]
Für den Englischunterricht in der Sekundarstufe I kann diese Gefahr nicht als allzu groß angesehen werden, denn erstens ist der Wortschatz zu einem hohen Prozentsatz konkret, zweitens werden die einzelnen Wörter – selbst im konservativsten Englischunterricht – nicht als Wortgleichungen präsentiert, sondern im Kontext, z.B. in einer Lehrwerklektion, und drittens wird in der Phase des Spracherwerbs der Lehrer selten auf die vielen verschiedenen semantischen Bedeutungen eines Wortes eingehen; *breakfast* wird im Unterricht als Frühstück erklärt, ohne auf die Unterschiede im einzelnen hinzuweisen. Es werden zunächst bewußt „falsche" Konnotationen hingenommen, was nicht ausschließt, daß sie zu einem späteren Zeitpunkt erläutert werden.
In den meisten Fällen wird es sich bei diesen Sprachen um Englisch, Französisch oder Latein handeln. Kastovsky argumentiert wie folgt: „Schließlich stammt die Mehrzahl der englischen Präfixe und Suffixe und die damit verbundenen Wortbildungsmuster aus diesen Sprachen; die folgende Auswahl ist keineswegs vollständig:

ante-, anti-, bi-, co-, counter-, de-, dis-, ex-, inter-, intra-, post-, pro-, sub-, super-, supra-, trans-; -able, -age, -al, -an, -ancy, -ant, -aian, -ary, -ate, -ation, -ee, -ic, -ician, -ify, -ism, -ist, -ity, -ive, -ize, -ment, -ure."[14]

Kastovsky weist aber gleichzeitig daraufhin, daß derartige kontrastive Wortschatzarbeit „jedoch nur ein frommer Wunsch bleiben wird."[15]

• **mit Hilfe der Zielsprache**
Das Erschließen der Wortbedeutung mit Hilfe der Kenntnisse in der Zielsprache setzt das Erkennen von Wortbildungsgesetzen voraus. Bei vielen Schülern ist diese Kenntnis bereits latent vorhanden, könnte

jedoch noch viel stärker genutzt werden, wenn ihnen einige dieser Gesetze bewußt gemacht und häufig geübt würden. Nach Denninghaus spielen die Wörter eine Schlüsselrolle für das Erkennen, die aus zwei oder mehreren bekannten Wortwurzeln oder Wortstämmen und aus bekannten Suffixen und Präfixen aufgebaut sind. So nennt er u.a. folgende Beispiele:[16]

Zusammensetzungen

bed	*room*	*bedroom*
rain	*water*	*rainwater*
spend	*money*	*spending money*
drink	*water*	*drinking water*

Suffixe

paint	*painter*
speak	*speaker*
false	*falsify*
intense	*intensify*

Präfixe

wise	*unwise*
fair	*unfair*

Nullmorphem

the import	*to import*
the export	*to export*

Auch Doyé geht auf diese Technik ein und bezeichnet sie als Ableitung. Er unterscheidet folgende 8 Ableitungsmöglichkeiten:[17]

Substantive	von Verben
Substantive	von Adjektiven
Substantive	von Substantiven
Adjektive	von Verben
Adjektive	von Adjektiven
Adjektive	von Substantiven
Verben	von Verben
Verben	von Adjektiven

Es liegt auf der Hand, daß durch die Nutzung dieser und ähnlicher Wortbildungsgesetze die Menge des passiven Vokabulars der Schüler sprunghaft gesteigert werden kann.[18]

Schülerarbeitsbuch S. 14f.

- **mit Hilfe internationaler Fremdwörter**

Diese Gruppe von Wörtern, die sowohl in der Muttersprache als auch in der Zielsprache und/oder einer dritten Sprache auftreten kann, ist sehr umfangreich. Sie ist gekennzeichnet durch starke Ähnlichkeiten im phonologischen und morphologischen Bereich. Grundlage für die Analogieschlüsse in diesem Rahmen sind nicht die Wortbildungsgesetze, sondern nach Denninghaus die Assimilierungsgesetze,[19] wobei ein Wort aus der Ausgangssprache, das andere aus der Zielsprache kommt. Denninghaus gibt für das Englische folgende Beispiele:

Information	– information
Export	– *exportation*
Administration	– *administration*
Taktiker	– *tactician*
Politiker	– *politician*
moralisieren	– *moralize*
organisieren	– *organize*

Es wird einem Schüler nicht schwerfallen, diese Wörter aus der Fremdsprache zu verstehen, vorausgesetzt, ihr Inhalt ist für ihn überhaupt verständlich und aussagekräftig. So ist denkbar, daß z.B. aus der genannten Liste das Wort *administration* zwar im Deutschen durch Administration wiedergegeben wird, der Schüler aber vielleicht gar keine Vorstellung davon hat, was unter diesem Begriff zu verstehen ist. Damit wird die Grenze dieses Verfahrens deutlich, die erreicht ist, wenn sich der Schüler auf das rein formale Vergleichen bestimmter Merkmale beschränkt. Der Hinweis auf die Gefahr, falsche Konnotationen mit den Wörtern zu verbinden, wurde bereits vorher angesprochen.

Schülerarbeitsbuch S. 19

• **mit Hilfe des Bedeutungskontextes**
Wie durch Abbildung 4 deutlich wurde, kann man versuchen, ein unbekanntes Wort entweder – wie oben beschrieben – durch seine Sprachform oder durch den Sprachinhalt zu verstehen. Über den Sprachinhalt gibt der Kontext des Wortes Aufschluß. Er besteht aus mindestens zwei, ggf. auch aus mehr Elementen:

1. Der Sinnzusammenhang des Textes, in dem das betreffende Wort vorkommt.

In der Regel entstammt der Text dem Schulbuch oder anderen Unterrichtsmaterialien und müßte dann eigentlich leicht zu erschließen sein, wenn die Forderung von Denninghaus eingehalten wurde: „Ein für einsprachigen Unterricht geschaffenes Lehrbuch sollte eine möglichst große Anzahl von Wörtern im *‚self-explanatory context‘* einführen."[20] Daß dies jedoch von Schulbuchautoren nicht immer eingehalten werden kann, ist sehr verständlich, insbesondere, wenn man sich die Kriterien vor Augen führt, die dazu führen, daß der Kontext überhaupt Aufschlüsse über ein bestimmtes Wort zuläßt. Denninghaus nennt folgende Gesichtspunkte:

– Je höher die Zahl der Bestimmungen ist, die der Kontext enthält, umso höher ist auch die Wahrscheinlichkeit der Bedeutungserschließung durch den Schüler.[21] Zur Erläuterung gibt er folgende Beispiele zu dem *nonsense word woggle*:

The Red Indians woggled.
The Red Indians woggled him.
The Red Indians woggles him to a tree.
The Red Indians fetched a rope and woggled him to a tree.
Then they woggled his arms together behind his back.

Es ist ganz deutlich, daß besonders im letzten Satz viele Hinweise versteckt sind; als wichtigster wohl das Wort *rope*, aber auch *together* und die Ortsangaben *to a tree* und *behind his back*. Zusätzlich zu der Zahl der Bestimmungen wird hier jedoch ein weiteres Kriterium deutlich, das später auch genauer besprochen werden wird, und zwar der Erfahrungs- und Informationshintergrund des Schülers.

– Die erklärende Kraft des Kontextes hängt auch von dem Grad der Konkretheit der einzelnen Bestimmungen ab.
Denninghaus macht diesen Tatbestand an folgendem Beispiel deutlich:

They took pictures of the surface of the woggle.
The *cameras* took pictures of the surface of the woggle.
The *automatic television cameras* took pictures of the surface of the woggle.
The *automatic television cameras of Ranger VII* took pictures of the surface of the woggle.[22]

– Die sachliche Beschaffenheit des dargestellten Gegenstandes, der Inhalt des Kontextes, bedingen die Klarheit der Aussage. Wenn der Inhalt mit sehr vielen verschiedenen Variablen ausgefüllt werden kann, ist er zur Bedeutungserschließung nicht sehr hilfreich. Zur Erläuterung stellt Denninghaus die folgenden beiden Beispielsätze einander gegenüber:

Since he could not open the door he left the room by the woggle.
Since there was no longer any market for bicycles the factory changed its programme and started to make woggles for prefabricated houses.[23]

Im Gegensatz zum ersten Satz kann das Wort *woggle* im zweiten mit sehr vielen möglichen Inhalten belegt werden. Der zweite Satz ist für die Bedeutungserschließung des Wortes daher ungeeignet.

Schülerarbeitsbuch S. 16

2. Der Leser und sein Vorwissen

Das zweite Element, das den Kontext mitprägt, wurde bereits angedeutet: Zwischen einem Text und seinem Leser besteht eine Interdependenz, die in bezug auf die Bedeutungserschließung eine besondere Rolle spielt. Wie bereits dargestellt, muß ein Text bestimmte Kriterien aufweisen, damit ein Wort durch seinen Kontext verstanden werden kann. Ebensogut müssen aber auch seitens des Lesers, hier: des Schülers, bestimmte Voraussetzungen erfüllt sein. Denninghaus bezeichnet sie als die subjektiven Eigenschaften des Lernenden, die von seinen Erfahrungen und dem Entwicklungs- und Bildungsstand abhängig sind.[24]

Das Beispiel mit den Indianern setzt voraus, daß die Schüler wissen, wie Indianer (zumindest in einem Western) Gefangene manchmal behandeln. In dem Beispiel mit der automatischen Kamera müssen die Schüler Informationen über Raumflüge und damit zusammenhängende Fakten haben. Im Zusammenhang mit dem potentiellen Wortschatz nennt Alfes einige Faktoren, die auch hier von Bedeutung sind: „Lebens- und Lernalter, Schultyp und Lernstufe, muttersprachliche und sonstige Fremdsprachenkompetenz, Intelligenz und sozialbedingte Erwartungshorizonte der Schüler.“[25]

Die Struktur des Textes sowie die subjektiven Eigenschaften des Schülers sind somit die beiden wichtigsten Elemente für das Erschließen neuer Wörter aus dem Kontext.

Eine weitere Hilfe mag der Schüler manchmal in beigefügten Materialien finden. Dabei handelt es sich meist um visuelle Materialien, wie z.B. Zeichnungen, Skizzen, Pläne, Fotos u.a.m. Je nach Klassenstufe und Schulbuchkonzeption haben diese visuellen Elemente oft ganz gezielt bedeutungserklärende Funktion und sind dementsprechend gestaltet.

Schülerarbeitsbuch S. 17

Nicht immer können Schüler den Kontext aus dem geschriebenen Text erschließen; sie können Texte auch hören oder sogar in einer authentischen Gesprächssituation aufnehmen.

In solchen Fällen kann der **situative Zusammenhang** weitere Hinweise über die Bedeutung eines Wortes geben.

Anworten auf die Piepho'schen Fragen
Als wer?
in welcher Absicht?
zu welchem Zweck?
wo?
mit wem?
ergänzt durch wie?, warum?, wann? usw.
können die Vermutungen über die Bedeutung eines Wortes verdichten. Im Indianerbeispiel ist vorher mit großer Wahrscheinlichkeit die Handlung dargestellt worden, die zu der jetzigen Situation des Gefangenen geführt hat und die Absicht

bzw. der Zweck wie auch die Art und Weise wären dem Schüler klar geworden und damit auch die Bedeutung des Wortes *woggle*. Schülerarbeitsbuch S. 18

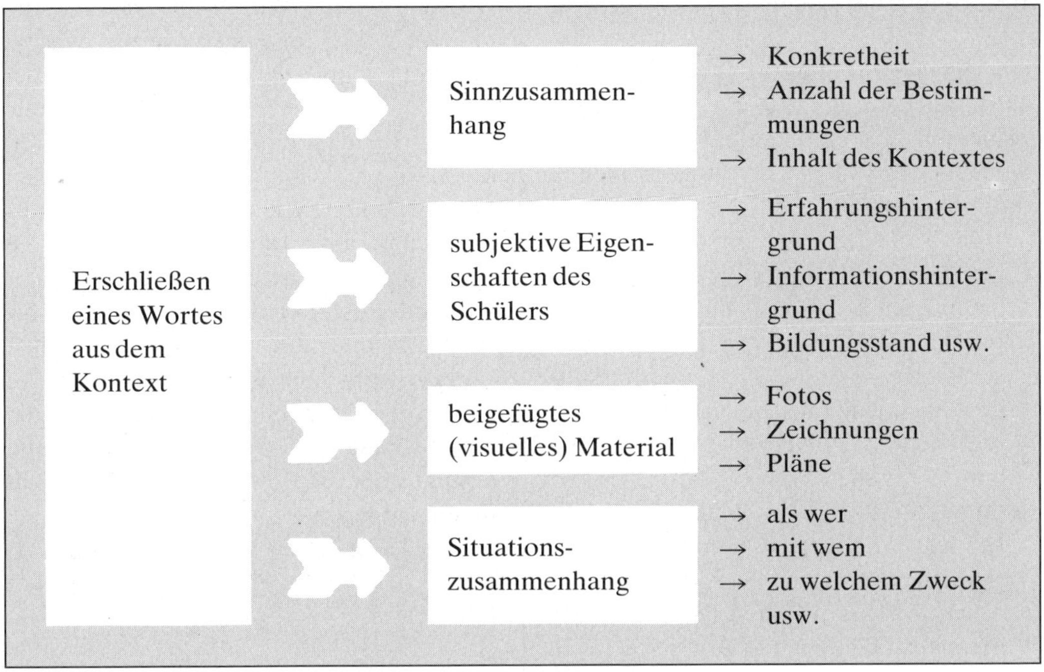

Abbildung 5 faßt die Elemente zusammen, durch die ein Kontext informationsfähig wird und mit deren Hilfe ein Schüler ein unbekanntes Wort aus ihm erschließen kann. Die hier der Übersichtlichkeit halber getrennt aufgeführten Elemente hängen in der Praxis natürlich eng zusammen und stützen sich gegenseitig. Ebenso ist auch beim Erschließen der Wortbedeutung die Verquickung von Hinweisen zur Sprachform mit denen zum Sprachinhalt notwendig. Andererseits werden sich in einem Text wohl kaum alle Techniken gleichzeitig anwenden lassen. Wichtig ist jedoch, daß der Schüler sie kennt und seine eigene Wahl treffen kann.

Die Benutzung eines zweisprachigen Wörterbuches

Die Benutzung eines Wörterbuches ist eine sehr komplexe Lerntechnik, die im Laufe der Schulzeit dem Schüler schrittweise vermittelt und häufig geübt werden muß. Dabei handelt es sich um eine Lerntechnik, die einerseits das schulische Lernen fördern soll, die andererseits aber auch nach der Schulzeit noch häufig angewendet wird: man benutzt ein Wörterbuch, um die Gebrauchsanweisung einer neu erworbenen Kamera zu verstehen, um im eigenen Wohnort Ausländern behilflich zu sein, um eine Auslandsreise vorzubereiten, um sich im Urlaubsland helfen zu können usw. Das zeigt, daß man auch als Erwachsener gerne auf Lerntechniken zurückgreift, die man in der Schule gelernt hat.

Mit der beschriebenen Bedeutung des Wörterbuches hängen die Funktionen zusammen, die es für den Schüler übernehmen kann. Meyer[26] führt folgende Funktionen auf:

1. zum Verstehen und Erschließen von geschriebenen Texten (z.B. Briefe, Zeitungen, Lektüre, Fachliteratur),
2. bei der Herstellung von Texten, seien es Briefe, Essays, Zusammenfassungen, Sachtexte für schulische oder (später) berufliche Zwecke u.a.,
3. zum Verstehen von gehörten Texten und Gesprächen sowie als Hilfsmittel bei der mündlichen Kommunikation.

Diese Liste läßt sich noch ergänzen, wenn man an die kleinen Hilfen denkt, die ein Wörterbuch übenehmen kann:

4. Aussprache herausfinden
5. grammatische Hinweise erhalten (Wortart, grammatische Anschlüsse, Unregelmäßigkeiten)
6. Rechtschreibung kontrollieren
7. unvollständige Wörter herausfinden
8. Verzeichnisse (Namen, Maße ...) benutzen

Nicht jedes beliebige Wörterbuch kann alle Funktionen erfüllen:

Die Schüler lernen zunächst die Wortschatzlisten im Schulbuch kennen, die nach Lektionen geordnet sind und dort in chronologischer Reihenfolge ihres Auftretens im Text aufgeführt werden. Diese Listen enthalten deutsche Entsprechungen, eventuell Beispielsätze und die Lautschrift für die richtige Aussprache.

Die Vokabellisten im Anhang eines Schulbuches sind in alphabetischer Reihenfolge angegeben und leiten die Schüler zum Aufsuchen eines Wortes an. Dies sind die ersten Schritte auf dem Wege zur Wörterbuchbenutzung. Der nächste Schritt besteht darin, ein zweisprachiges Wörterbuch zu handhaben. Am Ende der Sekundarstufe I, zu Anfang der gymnasialen Oberstufe kann das einsprachige Wörterbuch eingeführt werden, da erst jetzt ein relativ großer Wortschatz bei dem Schüler vorhanden ist, der die Voraussetzung für das Verstehen der Erklärungen darstellt.[27]

Das zweisprachige Wörterbuch entspricht den wortschatzmäßigen Voraussetzungen der Schüler der Sekundarstufe I und kommt außerdem ihren privaten Bedürfnissen entgegen.

Folgende Kriterien können bei der Auswahl eines Wortes für die Sekundarstufe I hilfreich sein:

- Menge des ausgewählten Wortschatzes (nicht mehr als 25.000 Wörter)
- Angebot mehrerer unterschiedlicher Bedeutungen: keine Wortgleichungen
- Auswahl des Wortschatzes nach anerkannten Minimal-Listen
- möglichst hohe Zahl von visuellen Hilfen
- Benutzung der internationalen Lautschrift
- Benutzung der allgemein üblichen Symbole und Drucktypen
- Beschränkung in der Zahl der benutzten Symbole: so wenige wie möglich/so viele wie nötig
- Drucktechnik vergleichbar zu „großen Wörterbüchern“
- Benutzung von Beispielen

Um ein Wörterbuch sinnvoll und richtig benutzen zu können, müssen in den folgenden Bereichen verschiedene Teilfertigkeiten beherrscht werden:

Wörterbuchtechnik	• Symbole kennen und interpretieren können • ausgewählte Abkürzungen kennen und deuten können • die wichtigsten grammatischen Grundbegriffe kennen
Anordnung der Wörter	• Reihenfolge des Alphabets beherrschen • Wörter alphabetisch ordnen können (bis zum 3. Buchstaben) • zusammengesetzte Wörter ordnen können u.a. auch Wörter mit Vorsilben/Nachsilben
Aussprache der Wörter	• einzelne Lautschriftzeichen mit Lauten verbinden können • Umschreibungen von Wörtern in der Lautschrift aussprechen können • Betonung eines Wortes erkennen können
Bedeutung der Wörter	• Bedeutung eines englischen Wortes herausfinden können • Bedeutung einer englischen Wendung herausfinden können • Bedeutung eines deutschen Wortes herausfinden und kontrollieren können

Diese Übersicht macht die Komplexität der Schwierigkeiten für Schüler bei der Benutzung eines Wörterbuches deutlich. Da die einzelnen Teilfertigkeiten von unterschiedlichem Schwierigkeitsgrad sind, liegt es nahe, sie schrittweise bereits mit der Orientierungsstufe zu üben. Das heißt, das Wörterbuch sollte nicht, wie es manchmal vorgeschlagen wird[28], in einem bestimmten Schuljahr eingeführt, sondern sein Gebrauch Jahr für Jahr gestuft vorbereitet werden.

Die einzelnen Stufen können wie folgt aufeinander aufbauen[29]:

Klasse	didaktischer Aufbau
5/6	1. alphabetisches Ordnen von Wörtern bis zum 3. Buchstaben 2. einfache Nachschlageübungen mit dem alphabetischen Wörterverzeichnis des Schulbuches 3. passive Beherrschung der Lautschrift
7	1. Zeichen, Symbole, Abkürzungen 2. Aufschlagen von Stichwörtern / Bedeutung der Tilde 3. semantische Erschließung unbekannter Wörter
8	selbständiges phonetisches Erschließen eines Wortes
9/10	1. Nachschlagen von Redewendungen 2. Verwendung des deutsch-englischen Teils des zweisprachigen Wörterbuches 3. selbständige Benutzung, z.B. in Klassenarbeiten, Hausaufgaben

In Entsprechung zu dieser Übersicht lassen sich folgende **Lernziele** aufstellen:
Die Schüler sollen

- die Abfolge des Alphabets kennen und es auswendig aufsagen können;

  Schülerarbeitsbuch S. 19
- die wichtigsten Zeichen und Symbole kennen und interpretieren können;

  Schülerarbeitsbuch S. 22f.
- Wörter bis zum dritten Buchstaben in alphabetischer Reihenfolge ordnen können;

  Schülerarbeitsbuch S. 21
- die Lautschrift erkennen, den richtigen Lauten zuordnen und korrekt aussprechen können;

  Schülerarbeitsbuch S. 24f.
- einzelne englische Wörter auffinden können;

  Schülerarbeitsbuch S. 21f.
- englische Wörter im Wörterbuch auffinden und ihre Bedeutung herausfinden können;

  Schülerarbeitsbuch S. 26
- die Bedeutung deutscher Wörter im Englischen heraussuchen können;

  Schülerarbeitsbuch S. 27
- die gefundene Bedeutung von Wörtern überprüfen können, d.h. die Gegenprobe im anderen Teil des Wörterbuches machen können.

  Schülerarbeitsbuch S. 27

Mögliche Übungsaufgaben

- Wörter in eine alphabetische Reihenfolge bringen
- Schriftbild und phonetische Umschreibung einander zuordnen.
- Wörter im Wörterbuch auffinden, Seitenzahl notieren (evtl. in Spielform)

- die verschiedenen Bedeutungen eines englischen Wortes bzw. die möglichen englischen Bezeichnungen für einen deutschen Begriff herausfinden.

Ein Beispiel aus dem Schülerbuch:

Suche Dir die verschiedenen Bedeutungen folgender Wörter aus Deinem Wörterbuch zusammen:

drive	**dress**	**match**
______	______	______
______	______	______
______	______	______
______	______	______

Schülerarbeitsbuch S. 26

Die Verarbeitung neuer Vokabeln

- **Das Notieren der neuen Vokabeln**

Um Vokabeln lernen zu können, möchten sie die meisten Menschen schwarz auf weiß vor sich haben, um sie systematisch durchzugehen. Zu diesem Zweck müssen sie aufgeschrieben werden. Dazu bieten sich verschiedene Anordnungsmöglichkeiten an: das Vokabelheft, das Ringbuch und/oder die Vokabelkartei.

einsprachig	zweispaltig – Vokabeln und Kontextualisierung	Vokabelheft
zweisprachig	zweispaltig – Vokabelgleichung oder: dreispaltig – Vokabel und Kontextualisierung und deutsche Entsprechungen	Ringbuch Ringbuch
zweisprachig	Vokabeln und Kontextualisierung und deutsche Entsprechungen	Vokabelkartei

Das Vokabelheft

Die Benutzung eines im Handel üblichen Vokabelheftes, dessen Seiten durch eine Mittellinie halbiert werden, sind nicht zu empfehlen, denn es ist konzipiert für das Anfertigen von Vokabelgleichungen. Diese werden in der Fachdidaktik oft mit folgenden Begründungen abgelehnt:

– Es ist fast unmöglich, semantisch gleiche Wörter aus Zielsprache und Ausgangssprache einander gegenüberzustellen.[30] Eine inhaltliche Deckungsfähigkeit besteht in den wenigsten Fällen und eine Gleichsetzung wird damit fragwürdig.
– Das Lernen von Vokabelgleichungen geschieht mechanisch und wird nicht kognitiv verarbeitet. Zwar erhält der Schüler den Eindruck, seine Aufgabe rasch bewältigt zu haben – darin ist u.a. auch das Festhalten ganzer Generationen von Fremdsprachenschülern an diesem Verfahren begründet, – die Vokabeln sind jedoch lediglich im Kurzzeitgedächtnis gespeichert. Sie können dort auch abgerufen werden, Rohrer weist aber darauf hin, daß die Voraussetzung dafür ist, daß eines der beiden Elemente als Stichwort vorgegeben wird. Er fügt hinzu: „Allerdings wäre die Chance, daß die auf diese Weise gelernten Wörter durch *freien* Abruf reproduziert werden könnten, außerordentlich gering."[31] Ins Langzeitgedächtnis, in dem vornehmlich und am besten sinnhafte Informationen behalten werden,[32] gelangen die Vokabeln auf diese Art und Weise nicht.
– Es ist müßig, Vokabelgleichungen, die in den meisten Fällen das Schulbuch bereits deutlich gedruckt aufweist, nochmals in der gleichen Form abzuschreiben.[33] Dies wäre eine mechanische Abschreibeaufgabe, die das Lernen keineswegs fördert, wegen ihrer Monotonie auf den Schüler sogar eher lernhemmend wirken kann.

Das Vokabelringbuch
Das Ringbuch ist inzwischen ein recht verbreitetes Arbeitsmittel zur Eintragung von Vokabeln. Sein Vorteil liegt darin, daß die Seiten je nach Bedarf in 2 oder 3 Spalten aufgeteilt und die einzelnen Blätter jeweils ergänzt, ausgetauscht oder neu arrangiert werden können.[34] Die Gesamteinteilung des Ringbuches kann entweder nach Sachgebieten oder nach linguistischen Kategorien geschehen. Doyé nennt folgende Beispiele für Sachgebiete:[35]

The House
Clothes
Health and Hygiene
Sports and Games
Shopping
Travelling
Traffic
Business
Politics

An gleicher Stelle weist er auf Direders linguistische Einteilung hin, die wie folgt aussieht:

General Vocabulary, Opposites, Homophones, Synonyms, Homonyms, Irregular Verbs, Prepositions, Conjunctions, Idioms and Phrases, Proverbs and Sayings, Difficult Spelling.

In beiden Fällen werden die Vokabeln zweimal in das Ringbuch eingetragen: zunächst in das *General Vocabulary* und sodann ein zweites Mal in die jeweils *geeignete Unterrubrik*.
Es ist lernförderlich, wenn die einzelnen Vokabeln sowohl in dieser Rubrik als auch im *General Vocabulary* nicht in einer einzigen Kolumne aufgeführt werden, sondern wenn kleine Päckchen von etwa 10 Wörtern jeweils optisch von dem nächsten abgetrennt werden.

Schülerarbeitsbuch S. 30

Möchte man beim Abschreiben der Vokabeln einsprachig vorgehen, sollten 2 Spalten angefertigt werden. Die linke beinhaltet die neuen Einzelwörter und kann daher schmaler sein, als die rechte. Hier stehen nämlich den Wörtern die entsprechenden Kontextualisierungsbeispiele gegenüber, die manchmal nur eine Wendung, manchmal aber auch mehrere kurze Sätzchen sein können.

Möchte man auf die Muttersprache nicht verzichten, so können 3 Rubriken eingerichtet werden, von denen die mittlere die breitere ist, da sie die Kontextualisierungen enthält, während auf der linken Seite das fremdsprachliche Wort und rechts die muttersprachliche Entsprechung eingetragen werden kann.

Der Vorteil der Kontextualisierung im Vokabelringbuch liegt darin, daß einzelne Vokabeln jeweils in verschiedenen semantischen Umgebungen auftreten und ihr Gebrauch daher deutlich gemacht wird. Außerdem unterstützen sie das Gedächtnis, da sie Assoziationen stiften, die für das spätere Abrufen eine wichtige Rolle spielen. Stentenbach weist auf die assoziativen Verknüpfungsmöglichkeiten hin, die dadurch für die Einzelwörter gegeben werden und auf die damit verbundene Abrufbarkeit und freie Verfügbarkeit. Gedankliche Verknüpfungsmöglichkeiten sieht er in folgenden Bezügen:[36]

Bezug zu dem Thema
Bezug zu einer Situation
Bezug zu einer Sachgruppe/Wortfeld
Bezug zu einer lexikalischen Struktur (Wortverbindung, Kollokation)
Bezug zu Synonymen bzw. Antonymen
Bezug zur Wortfamilie
Bezug zur Wortbildung

Die Kontextualisierungen sollten möglichst vielseitig kommunikativ anwendbar sein. „Definitionen an dieser Stelle sind von geringem Nutzen."[37]

Die Vokabelkartei

Eine Vokabelkartei besteht aus einer Sammlung von Kärtchen, die auf der einen Seite die englischen Vokabeln mit ihrer Aussprache und darunter die verschiedenen Kontextualisierungsmöglichkeiten, auf der anderen Seite die muttersprachlichen Entsprechungen enthalten. Die im Handel erhältlichen Vokabelkarteien umfassen jeweils ca. 2000 Vokabeln des Grundwortschatzes.[38] Die Anfertigung derartiger Karteien durch den Schüler selbst ist jedoch leicht zu leisten.

Beispiel einer Karte aus einer Vokabelkartei:[39]

Vorderseite

perform [pəˈfɔːm] *v*

to perform on the piano
performance [pəˈfɔːməns] *s*
evening performance
performance report

Rückseite

aus-, durchführen; aufführen, vortragen, spielen; auftreten

(Lied) auf dem Klavier spielen
Durchführung: Leistung: Aufführung, Vorstellung
Abendvorstellung
Leistungsbericht

Die Benutzung einer Vokabelkartei hat folgende *Vorteile für den Schüler:*

- Die zu lernenden Vokabeln können in überschaubaren Päckchen zusammengestellt werden.
- Die gelernten Vokabeln können ausgesondert werden, wodurch eine Konzentration auf die noch zu lernenden Wörter geschieht.
- Besonders schwer zu lernende Vokabeln können zum Zwecke häufiger Wiederholungen zusammengestellt werden.
- Im Gegensatz zum Ringbuch sind die Ordnungsmöglichkeiten der Vokabelkartei flexibel, jedes Wort kann nach Bedarf umgeordnet werden.
- Die gesamte Kartei kann ins Unendliche, die einzelne Karte in einem gewissen Rahmen kontinuierlich ergänzt werden. Als günstig sehen Weber und Denninghaus folgende Tatsache an: „Die Definition bzw. erläuternden Angaben sind vom Schüler selbst geschrieben, vielleicht sogar von ihm formuliert, auf jeden Fall entstammen sie aber einem aktuellen Zusammenhang, der mit dem Wort vergegenwärtigt wird, wenn der Schüler diesem in seinen Karten immer wieder begegnet ...“[40]
  Durch das Einordnen der neuen Karten in die gesamte Kartei „kann der Schüler nicht umhin, seinen ganzen Karteibestand unablässig im wörtlichen Sinne ‚in die Hand zu nehmen‘“.[41]
- Die spielerische Handhabung der Vokabeln stellt – im Gegensatz zum Ringbuch – einen Lernanreiz dar.
- Die Einteilung der Karteikästen in einen Aufbewahrungsteil und in einen Arbeitsteil kann eine systematische Wiederholung vorprogrammieren.

Aus Sicht des Fremdsprachenlehrers hängen mit der Vokabelkartei einige praktische Probleme zusammen, die es wohl mit sich bringen, daß sie als Möglichkeit leider oft außer acht gelassen wird. Dazu zählt u.a. die Frage nach der Kontrolle, ob der Schüler die Karten angefertigt und auch eingeordnet hat, oder nach dem Problem, die Karten zu transportieren.

Aus der Sicht des Fremdsprachenschülers sind das keine Behinderungen, denn er benutzt die Kartei überwiegend zum häuslichen Lernen und der Lernerfolg, den er dabei verspürt, ist motivierend.

Schülerarbeitsbuch S. 31

Wägt man die 3 Alternativen Vokabelheft, Vokabelringbuch und Vokabelkartei gegeneinander ab, so schlägt das Pendel eindeutig für letztere aus, da das Vokabelheft nicht in Betracht kommt, die Vokabelkartei jedoch alle Möglichkeiten des Ringbuches beinhaltet und für das Lernen der Vokabeln die günstigsten Voraussetzungen bietet.

- **Das Lernen der Vokabeln**

Ziel des Vokabellernens ist die freie Abrufbarkeit aus dem Langzeitgedächtnis. Lehrer, die täglich mit den Vokabellücken ihrer Schüler konfrontiert werden, wissen um die damit verbundenen Probleme. Findige Firmen versuchen daher, darin eine Marktlücke zu sehen und bieten Lernmaschinen und Computer an, die das Vokabeltraining mit dem Schüler übernehmen. Auch das „elektronische Wörterbuch“ im Format eines Taschenrechners wird seit einiger Zeit propagiert. Die meisten Programme legen jedoch Wortgleichungen zugrunde[42], und der Lerneffekt ist damit dem beim Lernen aus dem traditionellen Vokabelheft gleichzusetzen. Die richtige Wahl des Vokabelverzeichnisses ist für das Lernen von grundlegender Bedeutung.

Um das langfristige Behalten der gelernten Vokabeln zu fördern, muß sehr häufig wiederholt werden, denn die freie Verfügung über die Vokabeln über längere Zeit ist sonst nicht möglich. Die Wiederholung geschieht auf kürzere Zeiteinheiten verteilt, die in wachsenden Abständen voranschreiten.[43] Genaue mathematische Angaben, wie sie in der Fachdidaktik bisher mehrfach gemacht wurden, sind zwar Orientierungshilfen, können in der Schulpraxis jedoch meist nicht eingehalten werden.

Ebenso problematisch ist es, Zahlenangaben für die Menge der Vokabeln zu machen, die an einem Tag gelernt werden können. Abhängig von ihrem Schwierigkeitsgrad und der Sprachkompetenz des Schülers schwanken die meisten Angaben zwischen 5 und 10 Wörtern.[44] Mengenangaben wie etwa „nicht mehr als 30 oder 40 Vokabeln pro Tag“[45] gehen jedoch weit über das Realisierbare hinaus. Vokabeln, die in diesen Mengen gelernt werden, können bestenfalls kurzfristig erinnert werden.

Auch die *Art und Weise, wie die Vokabeln gelernt werden,* kann recht hilfreich sein. Das laute Lernen der Vokabeln spricht das akustische Gedächtnis an. Dabei spricht man die neuen Vokabeln, am besten auch die Kontexte, mehrfach laut vor sich hin und prägt sich dabei bewußt die Bedeutung ein. Stentenbach weist darauf hin, daß diese Technik zu einer längeren Behaltenszeit und zu einer besseren Abrufbarkeit führt.[45] Loebner betont bei diesem Verfahren die mehrkanalige Gedächtnisunterstützung und fordert auch, das motorische Gedächtnis gleichzeitig einzubeziehen, indem die Vokabeln mehrfach auf einen Zettel geschrieben werden, und man evtl. auch hin- und herläuft bzw. entsprechende Körperbewegungen macht.[47]

Unter Berücksichtigung der genannten Überlegungen könnte der Prozeß des Vokabellernens in Anlehnung an Kugemanns Vorschlag[48] aus folgenden Schritten bestehen:

Schritt 1

Aufschreiben der Vokabeln ins Vokabelringbuch (einmal ins *General Vocabulary* und ein zweites Mal in das passende Sachfeld).

Schritt 2

Die Vokabeln und ihre Erklärungen in kleinen Gruppen zusammenfassen.

Schritt 3

Mehrfaches lautes Lesen der Vokabeln und der Kontextualisierungen, gleichzeitig stummes Einprägen der Bedeutung.

Beim dritten Durchgang: Kennzeichnen der schwer zu lernenden Vokabeln im Ringbuch durch einen kleinen senkrechten Strich an dem betreffenden Wort; in der Kartei durch Heraussortieren der jeweiligen Karte.

Beim vierten Durchgang: Konzentration auf diese Vokabeln und ihre Kontextualisierungen.

Schritt 4

Selbstkontrolle durch Zuhalten einer Seite und Wiedergabe entweder der einsprachigen Erklärung bzw. der neuen Vokabeln.

Schritt 5

Stilles Lesen der Vokabeln und Einprägen orthographischen Besonderheiten.

Schritt 6
Selbstkontrolle durch Zuhalten der Seite und der neuen Vokabeln und Aufschreiben derselben entsprechend den gegebenen Kontextualisierungen. Fehler aufsuchen und ggf. Lernschritt wiederholen.

Schülerarbeitsbuch S. 32

Das Üben neuer Vokabeln

Wenn Vokabeln in einem ähnlichen Durchgang, wie er oben beschrieben wurde, einmal „gelernt" worden sind, ist die Verfügung zur freien Anwendung noch keineswegs gesichert. Es bedarf zahlreicher weiterer Wiederholungen, um dieses Ziel zu erreichen. Damit ist jedoch nicht eine genaue Wiederholung der gleichen Lernschritte gemeint, sondern es kommt nun darauf an, mit diesen Vokabeln zu arbeiten, mit ihnen umzugehen. Zu diesem Zweck benutzt man eine Vielzahl verschiedenartiger Ordnungsübungen, die besonders gut mit Hilfe einer Vokabelkartei durchgeführt werden können.

- **die Reihengliederung**

„Überall dort, wo Begriffe in eine Skala oder Rangfolge zu bringen sind, gibt es Felder in Reihengliederung."[49] Als Beispiele nennt Doyé die Skala der Wärmegrade, der Stimmungsgrade, der geographischen Begriffe, der Intensität von Tätigkeiten und Zuständen. Solche Begriffe, die meist auch graphisch durch eine Skala, eine Treppe o.ä. dargestellt werden können, müssen von Schülern in die entsprechende Ordnung gebracht werden, wobei sie die Gradunterschiede und Nuancen verschiedener Begriffe kennen und bewerten lernen. Schülerarbeitsbuch S. 33

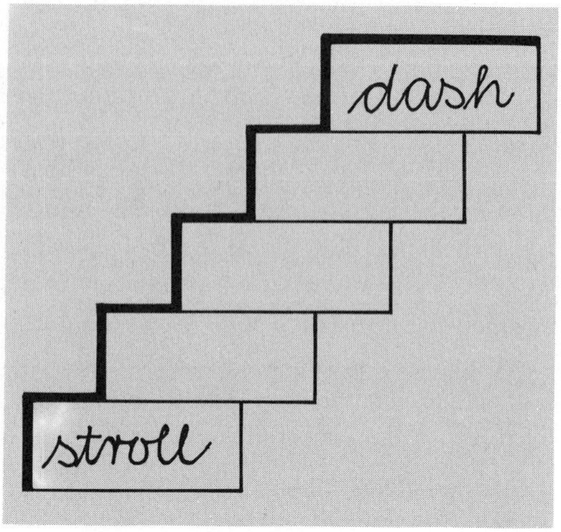

- **die Klassifizierung**

Eng verwandt mit der Reihengliederung ist die Klassifizierung. Hier sollen zueinandergehörige Begriffe einander unter- bzw. übergeordnet werden. Sie können gefunden werden, indem man ein Ganzes in seine Bestandteile gliedert, funktionale Ähnlichkeiten herstellt, Ursachen und Wirkungen einander zuordnet.[5]

Schülerarbeitsbuch S. 34

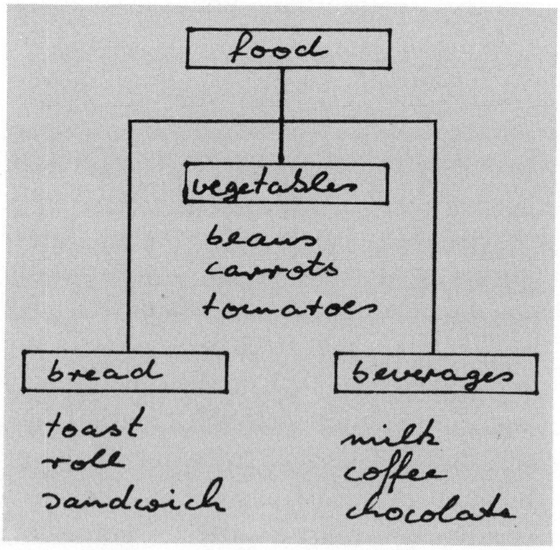

• Die Ablaufgliederung

Sie beschreibt die einzelnen Schritte einer Handlungskette. Es hängt von der jeweiligen Sprachkompetenz des Schülers ab, wie feingliedrig er diese Kette anlegen kann. Vorteilhaft ist dieses Verfahren, weil fast jede Tätigkeit auf diese Weise zerlegt werden kann und daher den Schülen zahlreiche Übungsgelegenheiten zur Verfügung stehen.

Schülerarbeitsbuch S. 35

• die Assoziation

Die Assoziation wird durch die Beziehung zweier (oder mehrerer) Wörter untereinander hergestellt. Sie kann das Behalten von Vokabeln unterstützen, da sie durch Assoziationen in Sinnbezirke[51] eingebettet werden und damit konkrete Vorstellungen über ihren Sinn schaffen. Die Bezugsverhältnisse können dabei sehr unterschiedlich sein, was bedeutet, daß Assoziationen uneingeschränkt angewandt werden können. Rohrer zeigt dies u.a. an folgenden Beispielen auf:

Beispiel		*Bezugsverhältnis*
A	**B**	
Elefant:	Rüssel	A hat als wesentlichen Bestandteil B
Gerste:	Bier	Aus A wird B gemacht
Insel:	Meer	A kommt in B vor
Schloß:	Schlüssel	A und B sind komplementär
Melone:	Frucht	A ist ein Beispiel von B
Papier:	Schere	A wird mit Hilfe von B bearbeitet
Banknote:	Papier	A besteht aus B
Sand:	Korn	A kommt in der Form von B vor
Luft:	Luftröhre	A wird durch B transportiert
Gedanke:	Wort	A kommt zeitlich vor B[52]

Damit ein Schüler derartige Bezugsverhältnisse erkennen kann, muß er ein möglichst klares Gedächtnis von den Bezugsobjekten haben.[53] Dies ist bei Hauptschülern und bei Gymnasialschülern gleichermaßen ausgeprägt. Heuer stellte in einer Felduntersuchung fest, daß sich nur geringe Unterschiede ergaben, zwischen Hauptschülern, die 4 Lernjahre hinter sich hatten und Gymnasialschülern mit 8 Lernjahren.[54] Dagegen wurde in seiner Untersuchung deutlich, daß deutsche und ausländische (hier: amerikanische) Schüler ein unterschiedliches Assoziationsverhalten zeigen.

Bei der Mehrzahl der Assoziationen handelt es sich um Paarassoziationen, die bei jeder Vokabelliste hergestellt werden können. Paarassoziationen, die einem oder mehreren weiteren Paaren gegenübergestellt werden, da sie eine ähnliche Beziehung aufweisen, sind Analogien, wie sie auf Seite 38 beschrieben wurden. Auch das Erstellen ganzer Gruppen zusammenhängender Paarassoziationen kann zur Übung gelernter Vokabeln durchgeführt werden.

Schülerarbeitsbuch S. 35

Darüber hinaus besteht für fortgeschrittene Schüler die Möglichkeit, Wörter mit mehreren Bedeutungsmerkmalen zu assoziieren. Rohrer nennt u.a. folgende Beispiele: *date, box, bank, bridge* oder *fair*.
Um Wortassoziationen ohne Hilfe vorgefertigter Übungen zu den gelernten Vokabeln zu finden, kann sich der Schüler der Assoziogramme bedienen wie z.B. des folgenden, das natürlich nach Belieben weiter ausgebaut werden kann:

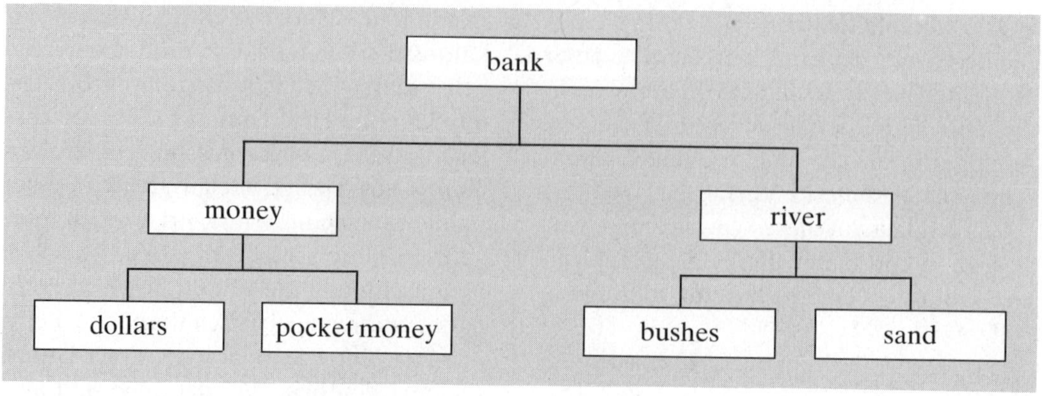

Neben diesen linearen Assoziationsketten lassen sich auch kreisförmige Assoziogramme benutzen, die entweder frei, d.h. ohne Ordnungssystem sein, die aber auch nach bestimmten Prinzipien strukturiert sein können.

Sind derartige Vokabelsammlungen einmal zusammengestellt, so ist der nächste Schritt schon die Anwendung derselben, nämlich das Verfassen einer kleinen Mini-Situation oder einer kleinen Geschichte. Hier ist dann der Übergang zur mündlichen oder schriftlichen Ausdrucksfähigkeit erreicht.

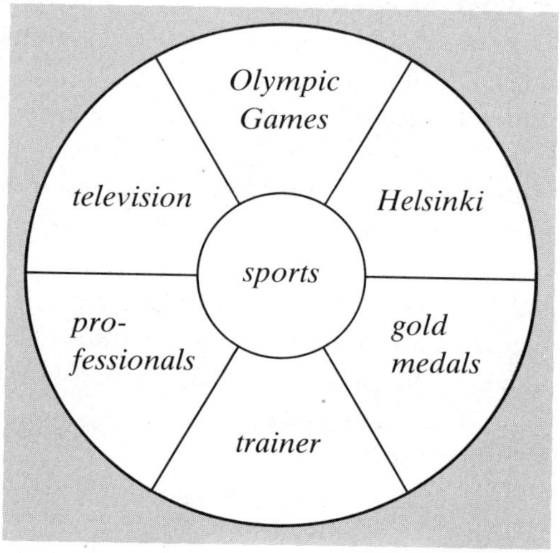

3. Die wichtigsten Gedanken auf einen Blick

Lerntechniken sind geeignet, die Phasen der Aufnahme neuen Wortschatzes, der Verarbeitung und der Übung zu fördern.
Neben der Benutzung eines Wörterbuches in der Aufnahmephase steht auch das eigenständige Erschließen von Wortbedeutungen. Hilfen können dabei die Muttersprache, weitere Fremdsprachen, die Zielsprache sowie der Kontext bieten.
Um die Bedeutung neuer Vokabeln zu verarbeiten, durchläuft der Schüler mehrere Schritte, während derer er die neuen Wörter mehrfach liest – dies z.T. auch laut – sie an Beispielen in verschiedenen Kontexten anwendet und sie schließlich in sein Vokabelheft, sein Vokabelringbuch oder seine Vokabelkartei schreibt.
Das Führen einer Fehlerstatistik befähigt ihn, auf längere Sicht seine Wortschatzkenntnis zu verbessern.

Schließlich bieten sich zur Übung des Wortschatzes Aufgabenformen an, die so einfach sind, daß sie auch vom Schüler selber durchgeführt werden können, ohne daß er einen Lehrer oder Übungsbücher hinzuzieht. Dazu gehören

die Reihengliederung
die Klassifizierung
die Ablaufgliederung
die Assoziation

Die Anwendung der Lerntechniken auf den verschiedensten Stufen wird den Schüler befähigen, die Aneignung neuer Vokabeln auch selbständig zu leisten.

Grammatikerwerb

Worin besteht nach Deiner Meinung die Hauptschwierigkeit beim Nachschlagen in einer Grammatik?
Daß manchmal zuviel auf einmal kommt.
Das Wort zu finden.
Wie sie geordnet ist.
Daß alles in Fremdwörtern dasteht und daß keine Übungen drinstehen.

Wie häufig benutzt Du Deine Grammatik?
Nie, weil ich mich nicht darin zurechtfinde.
Nie, weil sie so langweilig ist.

Lerntechniken im Überblick

1. Durch Grammatik Sprache „durchschauen" lernen

Die Hauptaufgabe der Grammatik ist es, Hilfen zum Erwerb und zur Anwendung einer Sprache zu geben. Sie gewährt Einsichten in sprachliche Gesetzmäßigkeiten, d.h. sie hilft dem Schüler, die Sprache zu durchschauen, zu verstehen und anzuwenden. Um eine grammatische Struktur in der Fremdsprache zu erkennen, kann der Schüler diese induktiv herausfinden. Beim Zweitsprachenerwerb, den Hüllen definitorisch vom schulischen Fremdsprachenlernen trennt, geschieht dies „durch den natürlichen Umgang mit der Sprache, in dessen Verlauf der Spracherwerber Regelmäßigkeiten isoliert, die er dann zur Elle des Vergleiches macht." In der Schule geschieht es „durch direkte Belehrung und entsprechend gelenktem Sprachgebrauch."[1] Dabei ist die lenkende und kontrollierende Leitung des Lehrers vorhanden, der mit Hilfe aufbereiteter Unterrichtsmaterialien die Analyse, die Induktion, der Schüler steuert. Es ist jedoch kaum realistisch anzunehmen, daß Schüler, die nicht in der zielsprachlichen Umgebung sind, eine derartige Untersuchung ohne die Hilfe des Lehrers selbständig leisten und leisten können. Selbständig lernende Schüler gehen einen anderen Weg: sie schlagen in einer Grammatik oder in einem anderen Werk nach, d.h. sie arbeiten deduktiv. Die Anlässe dazu sind sehr verschieden: Sie möchten etwas wiederholen, etwas nachlernen oder evtl. auch vorlernen; vielleicht möchten sie Gelerntes auch memorieren. In diesem Fall müssen sie nicht nur etwas nachschlagen, sondern auch versuchen, es zu behalten. Im letzten Schritt werden sie schließlich das gefestigte Wissen anwenden, sei es bei der Sprachrezeption oder bei der eigenen Sprachproduktion.

Um sich grammatische Gesetzmäßigkeiten selbständig anzueignen und sie in der eigenen Sprachkompetenz wirksam werden zu lassen, muß man drei Schritte vollziehen:

- das Nachschlagen
- das Behalten
- das Anwenden

Um bei diesen Schritten eine Grammatik benutzen zu können, müssen eine Reihe von Kenntnissen und Lerntechniken vorausgesetzt werden. Hüllen fordert, den Schülern Strategien zu vermitteln, die ihnen helfen, Ausdrucksschwierigkeiten über sprachliche Hilfskonstruktionen zu beheben. „Hierzu gehört z.B. die Fähigkeit, Sätze umzuformen, wenn man sich in der Konstruktion verfängt; die Fähigkeit, sich selbst zu korrigieren, wenn ein Fehler oder ein Mißverständnis offenkundig wird."[2] Dabei handelt es sich überwiegend um Vermeidungsstrategien, deren Benutzung sicherlich sehr hilfreich ist. Sie sollten jedoch erst dann Anwendung finden, wenn Lerntechniken versagen.
Sie werden in der folgenden *Übersicht* zusammengestellt:

Übersicht

- Die Kenntnis verschiedener Nachschlagewerke zur Grammatik
- das Verständnis des Aufbaus der eigenen Grammatik und der Funktion ihrer Einzelteile

- Die Fertigkeit, ein Stichwortverzeichnis zu benutzen
- Die Fertigkeit, Darstellungstechniken in der Grammatik zu interpretieren und selber anzuwenden
- Die Kenntnis der grammatischen Terminologie
- Das Behalten der Regeln mit Hilfe von „Eselsbrücken"
- Das selbständige Herausfinden von Grammatikregeln
- Das Lernen einer Grammatikregel
- Die Kenntnis verschiedener Übungsformen
- Die Kenntnis von *classroom phrases* zum Grammatikunterricht
- Das Führen eines grammatischen Merkheftes

2. Wie Schüler mit Grammatik umgehen können

Thema: Nachschlagewerke

Schüler benutzen ein Nachschlagewerk bei verschiedenen Anlässen:
Der naheliegende Grund besteht in der Absicht des Schülers etwas „nachzuschlagen", wie der Name sagt. Damit ist eine *gezielte und rasche Informationsaufnahme* zu einer grammatischen Einzelfrage gemeint, auf die er entweder selber keine Antwort weiß oder deren Antwort er auf ihre Richtigkeit hin überprüfen möchte. Eine Untersuchung von Zimmermann weist darauf hin, daß 76,8% der von ihm befragten Lehrer hierin die Funktion des grammatischen Beiheftes sehen.[3]

Im Gegensatz zum kurzen Nachschlagen steht das *gezielte Wiederholen* eines grammatischen Problemfeldes. Die Notwendigkeit ergibt sich für Schüler vor einer Klassenarbeit, beim häuslichen Nachlernen des im Unterricht Vermittelten, zum erneuten Einprägen von Vergessenem. 92% der Lehrer aus der o.a. Untersuchung lassen grammatische Eigenschaften durch die Schüler wiederholen.[4]
Das Nachschlagen und besonders das Wiederholen tragen dazu bei, daß die grammatischen Fragen, um die es geht, in einem größeren grammatischen Zusammenhang gesehen werden, der dem Schüler einen *Überblick über das gesamte Problemfeld* bietet. Dieser Überblick macht seinerseits wieder die Einordnung des gerade Wiederholten in das bereits Gelernte möglich, was zur Festigung und Verankerung des Wissens im Gedächtnis beiträgt.[5]

Damit ist die dritte Funktion genannt, die Nachschlagewerke zur Grammatik übernehmen können, nämlich die, Memorierinstrumente zu sein. 83,1% der befragten Lehrer sprachen sich für diese Funktion aus.[6]

Eine weitere Funktion von Nachschlagewerken zur Grammatik kann darin liegen, das *Lernen* im Unterricht *zu unterstützen*. Dies geschieht in der Unterrichtspraxis relativ selten. „Nur 10,8% der Lehrer setzen das Beiheft während der Präsentation der grammatischen Eigenschaften ein, 79,1% nach der Präsentation im Unterricht, ..."[7]

Schließlich besteht eine letzte Möglichkeit der Schüler darin, Nachschlagewerke für

die *Neuerarbeitung* einer grammatischen Erscheinung zu nutzen. Dieser Fall kann auftreten, wenn besonders eifrige Schüler etwas vorlernen wollen oder wenn sie – z.B. durch Krankheit – den entsprechenden Unterricht verpaßt haben und selber etwas nachlernen wollen. Dieses selbständige Erarbeiten grammatischer Regularitäten kann jedoch problematisch sein, da die Textverständlichkeit der grammatischen Beihefte[8] und sehr wahrscheinlich auch der Grammatiken nicht immer gewährleistet ist.
In allen genannten Fällen geht es dem selbständig lernenden Schüler darum, die Struktur einer sprachlichen Erscheinung herauszufinden, sie zu behalten und anzuwenden.

Welche Arten von Nachschlagewerken stehen zur Verfügung?

Der Schüler lernt die verschiedenen Arten von Nachschlagewerken im Laufe seiner Schulzeit nach und nach kennen. Es ist notwendig, daß ihm in dieser Zeit die jeweiligen Vorteile und Nachteile deutlich gemacht werden, so daß er in die Lage versetzt wird, die richtige Wahl des Hilfsmittels zu treffen.
Zunächst begegnet er kleinen *grammatischen Übersichten* als Teil einer Schulbuchlektion. Hier erfährt er zum ersten Mal die typisch grammatische Darstellungsweise durch die Segmentierung der Sätze, durch eine bestimmte Symbolik und eine besondere graphische Gestaltung. Je nach Schulbuchkonzept lernt er auch recht früh, daß sein Buch im Anhang eine „Minigrammatik" beinhaltet oder aber ein grammatisches Beiheft zur Verfügung steht. Beide haben einen engen Zusammenhang mit den Lektionen des Schulbuches und sind dementsprechend progressionsbezogen angelegt.
In die zweite Gruppe von Nachschlagewerken fallen *Grammatiken* für die Hand des Schülers, die mit oder ohne Bezug zum Lehrwerk sein können, in jedem Fall aber progressionsunabhängig sind. In diese Gruppe gehört außerdem auch ein Werk, das in der Regel bei der Wortschatzarbeit benutzt wird, das Wörterbuch. Auch hier findet der Schüler besonders beim raschen Nachschlagen von kleinen Einzelfragen Hinweise über die grammatischen Formen sprachlicher Elemente. An dieser Stelle oder auch bei der Diskussion von Wortbildungsregeln in der Vokabelarbeit wird deutlich, daß Wortschatz- und Grammatikarbeit einander in manchen Bereichen überschneiden.
Eine eigene Rubrik stellen die *grammatischen Übungshefte* dar, die eine Zwischenposition zwischen beiden beschriebenen Gruppen einnehmen: manche sind lehrwerkabhängig und damit progressionsbezogen, andere sind schulbuchunabhängig. Außerdem wird diese Zwischenposition bestärkt durch die Kombination von Übungen mit Darstellungen der jeweiligen Gesetzmäßigkeiten.

grammatische Einzelübersicht in Schulbuchlektionen	im Lehrwerk	progressionsbezogen
grammatischer Anhang im Schulbuch	im Lehrwerk	progressionsbezogen
grammatisches Beiheft zum Schulbuch	zum Lehrwerk	progressionsbezogen
grammatisches Übungsheft	lehrwerkbezogen oder -unabhängig	
Grammatik	lehrwerkbezogen oder -unabhängig	progressionsunabhängig
Wörterbuch	lehrwerkbezogen oder -unabhängig	progressionsunabhängig

Alle genannten Formen – mit einer Ausnahme – bieten eine formal-sprachliche Darstellung von Sprache zum Zwecke der Kognitivierung und heben sich damit vom Schulbuch ab, das eher auf die Anwendung von Sprache in Situation und Kontext ausgerichtet ist.[9] Die Ausnahme wird durch das Übungsheft geboten, das beides miteinander vereint.

Probleme bei der Benutzung grammatischer Nachschlagewerke

- Aufbau von Nachschlagewerken erkennen

Den Schülern muß als erstes der Aufbau der Grammatik bzw. des Beiheftes geläufig sein. Dazu gehört das Wissen über die Nutzungsmöglichkeiten des Inhaltsverzeichnisses bzw. des alphabetischen Stichwortverzeichnisses zum Auffinden einer bestimmten Struktur. Die Existenz eventueller Anhänge, z.B. mit unregelmäßigen Verben, einem Glossar, einer Liste der grammatischen Termini und ihrer Abkürzungen sollte bekannt sein. Schließlich sollte den Schülern der Aufbau des Hauptteiles nach grammatischen Bereichen und deren Untergliederung in Überschrift, segmentierte Beispielsätze, Regelformulierung, evtl. weitere Beispielsätze, Ausnahmeregelungen vertraut sein.

Schülerarbeitsbuch S. 37ff.

Diese Kenntnisse können bei der Neueinführung der Grammatik bzw. des Beiheftes vermittelt und durch gezielte Wiederholung während ihrer Benutzung im Unterricht gefestigt werden.

- Stichwortverzeichnisse benutzen

Beispiel: Eine Schülerin will herausfinden, wie die Vergangenheitsform zu *play* heißt. Sie hat zwei Möglichkeiten, sich diese Frage zu beantworten:

Ist ihr die kategoriale Einteilung ihrer Grammatik in Wortarten, Satzglieder, *Zeiten*, Aspekte bewußt, so wird sie unter dem dritten Stichwort nachsuchen. Das findet sie sehr rasch im Inhaltsverzeichnis. Da unter „Zeiten" aber eine sehr große Palette von Informationen gegeben wird, muß sie entweder lange blättern oder doch ein eingegrenzteres Stichwort wählen und dieses im Stichwortverzeichnis aufsuchen.
Oder sie sucht unter „Vergangenheit" bzw. unter *simple past* oder *past tense* nach. Dazu schlägt sie die Rubrik des Stichwortverzeichnisses mit dem Buchstaben P auf und findet dort die Angabe der Fundstelle. Diese ist durch eine Zahl ausgewiesen und bezieht sich auf das Kapitel oder auf die Seite, auf der das Problem besprochen wird. In Einzelfällen findet man das grammatische Problem eher unter dem Wort selber wieder, z.B. *never, latter, ago, can* etc.

Dieses Beispiel zeigt, daß ein Schüler zum Nachschlagen zwei Voraussetzungen erfüllen muß: Die Kenntnis der alphabetischen Anordnung – wie man sie auch für die Benutzung des Wörterbuches benötigt – muß vorhanden sein. Außerdem muß man die elementaren grammatischen Bezeichnungen, ggf. auch in Abkürzungen kennen. Verfügt man nicht aktiv über sie, so muß man zumindest eine Liste mit Bezeichnungen und Beispielen besitzen, in der das Stichwort auftaucht: Das Aufsuchen selber läßt sich leicht in den Unterricht einbauen, in dem die Schüler zu verschiedenen Gelegenheiten aufgefordert werden, die richtige Seite in der Grammatik anzugeben.

Schülerarbeitsbuch S. 38ff.

- Grammatische Terminologie beherrschen

Die fachdidaktische Diskussion um die grammatische Terminologie steht in engem Zusammenhang mit der Diskussion um die Regelformulierung. Je nach grammatischem Konzept spricht man sich für oder gegen eine Regelformulierung aus. Im ersteren Fall steht die Entscheidung an zwischen deutscher, englischer oder lateinischer Terminologie. Die Lehrpläne der verschiedenen Bundesländer tragen nur selten zur Klärung bei.
Unabhängig von der methodischen Entscheidung des Lehrers besteht für Schüler die Notwendigkeit, die grammatische Terminologie zu einem gewissen Grade zu beherrschen. Sie benötigen sie z.B. beim Nachschlagen in einem Wörterbuch, einer Grammatik oder einem anderen Nachschlagewerk.
Da die meisten eingeführten Grammatiken die englische bzw. die lateinische, weniger aber die deutsche Terminologie benutzen, sollten die Schüler einen Grundstock an grammatischen Fachausdrücken kennen. Je nach Schulart oder Kurs braucht diese Terminologie auch nur wiedererkannt werden; Voraussetzung für die Schüler ist in diesem Fall jedoch eine Liste dieser Begriffe mit Beispielen in ihrem grammatischen Merkheft.

Schülerarbeitsbuch S. 40f.

Die unterrichtliche Einführung dieser Termini geschieht schrittweise durch den Lehrer, der auch hin und wieder kleine Bestimmungsaufgaben stellt, bei denen die Schüler z.B. verschiedene Wortarten eines Textes mit ihren Bezeichnungen versehen. Derartige Übungen können aber auch selbständig durchgeführt werden. Zu diesem Zweck kann jeder beliebige englisch-sprachige Text – zum Beispiel aus dem Lehrbuch – genommen werden, um ihn Satz für Satz auf seine Wortarten hin zu untersuchen. Treten Unsicherheiten auf, kann man sie rasch durch einen Blick ins Wörterbuch klären. Für die Bestimmung der Satzglieder, der Zeiten und Aspekte,

muß man allerdings die Grammatik zu Rate ziehen. Hilfreich kann bei einer solchen Bestimmungsübung auch die Übersicht aus dem eigenen Merkheft sein.
Es ist die Aufgabe z.B. des Englischlehrers, die Schüler auf solche Übungen, die sie z.T. selbständig durchführen können, aufmerksam zu machen und sie diese praktizieren zu lassen.
Die Hinführung kann durch kleine Übungen in Partnerarbeit während des Unterrichts geschehen, zu Hause kann jeder Schüler weiterarbeiten.

Schülerarbeitsbuch S. 41ff.

Kannst Du diese Wörter einordnen?

in London	nervous
quick	learn
talk	wear
dog	loud
fast	always
aeroplane	pop-star
easy	holiday
sometimes	weekly
late	motor-bike

nouns	verbs	adverbs
________	________	________
________	________	________
________	________	________
________	________	________
________	________	________

- das Interpretieren und Anwenden von Darstellungstechniken

Kann der Schüler/die Schülerin ein Nachschlagewerk zur Grammatik handhaben und die gesuchte Struktur auffinden, so besteht das nächste Problem in der Interpretation der verschiedenen Symbole, der unterschiedlichen Druckarten und anderer Effekte. Einige Symbole, die in den derzeit in Schulen eingeführten Grammatiken auftreten, sind z.B. die folgenden:

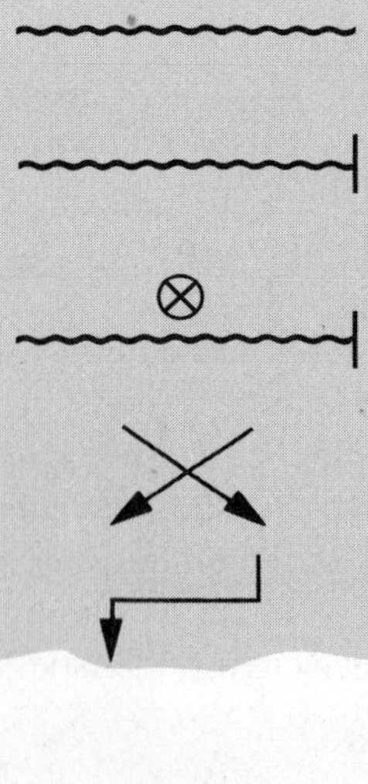

– eine nicht abgeschlossene Handlung,

– eine Handlung, die in der Gegenwart abgeschlossen ist,

– eine Handlung, die zu einem bestimmten Zeitpunkt in der Vergangenheit stattfand,

– Umkehrung von Satzteilen, z.B.:
People speak English.

English is spoken.

→ – Umwandlungen z.B. in eine andere Form:
direkte Rede → indirekte Rede

– Herstellen von Bezügen, z.B.:
The woman went to work in spite of her child being ill.

\+ – in Verbindung mit ..., z.B.:
to be to + verb

Damit sie dem Schüler geläufig werden, sollte der Lehrer/die Lehrerin möglichst die Symbole des eingesetzten Lehrwerks bzw. der Grammatik im Unterricht benutzen und sie auch vom Schüler in das Merkheft eintragen lassen. Hilfreich ist es außerdem, wenn diese Symbole etwa auf einem Pappkarton aufgezeichnet und mit Beispielen versehen für einige Zeit im Klassenzimmer aufgehängt werden.[10]

Sind sie den Schülern erst einmal geläufig, tragen sie dazu bei, umständliche Verbalisierungen von Tatbeständen zu vermeiden. In diesem Sinn sind sie Verständnishilfen, die aufgrund ihrer Einfachheit auch leicht von den Schülern übernommen werden können.

Ebenso bedeutsam für den Lernprozeß ist das Verstehen und selbständige Anfertigen von Diagrammen und anderen schematischen Einteilungen. Rohrer sieht in ihnen einen hohen Wert, da sie Ordnung schaffen und zugleich der Kreativität Raum lassen, „beides die wohl wichtigsten Bedingungen für das Behalten“.[11] Die häufigste und einfachste Form ist das Einkästeln von grammatischen Regeln und den ihnen zugeordneten Beispielsätzen, was auch in der Grammatikstunde bei der Regelformulierung an der Tafel geschehen sollte. Derartige „Kästchen“ sind zwar sehr raumaufwendig, geben jedoch eine geordnete Übersicht und machen ergänzende Eintragungen, Unterstreichungen oder Kennzeichnungen usw. möglich. Auch Timm fordert dazu auf, die relevanten Konzepte und Konzeptverknüpfungen über systematische Diagramme zu präsentieren und sie als operationale Regeln auf Wandtafeln einige Zeit im Klassenzimmer auszuhängen.[12]

Im Anfangsunterricht werden derartige Symbole zunächst mit Zurückhaltung eingeführt werden, da das Abstraktionsvermögen der Schüler noch nicht entsprechend entwickelt ist. Ab der 7. Klasse kann jedoch diese Kenntnis der Schüler aufgebaut werden.

Um die Wirkung von Diagrammen, Einkästelungen usw. zu steigern, sind sie in der Grammatik zum Teil farbig unterlegt. Der Schüler muß über die Konvention informiert werden, daß meist das Feld, das die Regel beinhaltet – also das wichtigste – farbig unterlegt ist und daß obendrein oft ein Fettdruck bei den Wörtern benutzt wird, die für das Erkennen der jeweiligen Struktur wesentlich sind.

Die Schüler müssen – wenn sie alleine lernen möchten, die genannten Darstellungstechniken auch selber anwenden können.

Während sie im unterrichtsbezogenen Lernen solche Zeichen und Symbole meist aus dem Tafelbild einer Grammatikstunde entnehmen und diese lediglich in ihr Grammatikheft übertragen, sollten sie spätestens in den letzten Jahren der Sek. I aufgefordert werden, eine grammatische Regel selbständig verbal und graphisch darzustellen. Dies befähigt sie dazu, im außerschulischen Fremdsprachenlernen sprachliche Regularitäten zu notieren. Das selbständige Entwerfen der Darstellungsweise wirkt zudem als Behaltensstütze und fördert ihr Verständnis beim Nachlesen einer Regel in der Grammatik.

Grammatische Regeln als Lernhilfen

Die Hauptfunktion einer grammatischen Regel liegt für den Lernenden darin, Lernhilfe zu sein. Sie wird es einmal dadurch, daß sie in bezug auf eine komplexe Struktur Einzelerscheinungen beschreibt und somit ein schrittweises Lernen ermöglicht. Zum anderen wird durch dieses Einteilen gleichzeitig ein Ordnen des Gelernten und damit ein besseres Behalten möglich. Die Regel stellt für den Lehrer ein Mittel zur Eigenkontrolle seiner sprachlichen Leistungen dar und verkürzt darüber hinaus im Gegensatz zum *trial-and-error*-Verfahren die Lernzeit.[13] Diese letzte Funktion sieht Hüllen zwar kritisch, wenn er sagt, daß dem Lerner, indem er vorgeprägte Regeln übernehmen soll, die Aktivierung seiner kognitiven Fähigkeiten *erspart*, aber auch *verwehrt* werden. In der künstlichen Situation des Unterrichts hat er nicht die gleichen Bedingungen, wie in einer echten Kommunikationssituation. Hüllen weist aber darauf hin, daß wir die fehlende sprachliche Umwelt ersetzen müssen, indem wir die Schüler nach einem didaktischen Plan mit der fremden Sprache konfrontieren.[14]

Die Regel als Lernhilfe wird in diesen Funktionen von jedem Lernertyp benutzt. Nach Vielau ist der gute Lerner zwar häufig in der Lage, „intuitiv" und selbständig zu der richtigen Abstraktion und Handlungskonsequenz zu kommen, wozu der Lernungewohnte von sich aus und ohne Hilfe kaum mehr als eine kurzschrittige Imitation zustande bringt. Gerade in der Arbeit mit sogenannten ‚Lernschwachen' also sind Elemente, ‚bewußten Lernens' und grammatische Reflexion im Rahmen eines schrittweisen Aufbaus der Kommunikationsfähigkeiten unverzichtbar."[15]

Dennoch ist zu berücksichtigen, daß die Regel auf einer Metaebene formuliert wird, die seitens des Lerners ein gewisses Abstraktionsvermögen voraussetzt. Dies ist mit Beginn der Sekundarstufe I jedoch noch nicht voll entwickelt. Formale Denkoperationen sollten daher nicht zu früh gefordert werden. Sie sind normalerweise erst bei 12–13jährigen Schülern sinnvoll.[16]

Die Darstellung der Regel kann sehr unterschiedlich sein und von einer vollständigen beschreibenden Verbalisierung über die Signalgrammatik, über die Regel in prägnanten Mustern, über „Eselsbrükken" bis hin zur schematischen Darstellung grammatischer Transformationen gehen.

Während letztere in der Schulrealität keinen Fuß gefaßt hat, die erstere unergiebig für das Behalten ist[17], bleiben die beiden mittleren Arten der Grammatikregeln, also die Signalgrammatik und die Regel in prägnanten Mustern, übrig. Die Signalgrammatik ist in der fachdidaktischen Literatur intensiv diskutiert worden[18] und soll daher nicht weiter beschrieben werden. Stattdessen soll die Aufmerksamkeit auf die Möglichkeit des Lernens grammatischer Regeln gelenkt werden, die derzeit nicht sehr verbreitet ist, nämlich das *Lernen mit Hilfe von prägnanten Mustern*. Darunter versteht Tabbert das Lernen mit Hilfe von Sprichwörtern, Limericks und Reklametexten. Diese sprachlichen Muster sollten prägnant sein, aber auch bedeutungsvoll und robust genug, um sich bei den didaktisch notwendigen Wiederholungen nicht abzunutzen.[19]

- Eselsbrücken bauen

In die Kategorie der prägnanten Muster gehören auch die sog. ‚Eselsbrücken', die das Behalten unterstützen. Sie beziehen sich auf sprachliche Gesetzmäßigkeiten, die den Schülern oft Probleme bereiten und die ihnen z.B. durch etymologische Erklärungen nicht verständlich würden. Doyé betont, daß es wenig ökonomisch wäre, Schüler diese Erklärungen als Regeln lernen zu lassen. „Die Mühe des Einprägens der Regel stünde in den meisten Fällen in keinem vernünftigen Verhältnis zu dem Nutzen, den der Lernende aus ihr zöge."[20]

An dieser Stelle haben ‚Eselsbrücken' ihren Wert. Zwar muß einschränkend gesagt werden, daß sie die sprachliche Struktur nicht immer vollständig und in jeder Hinsicht zutreffend beschreiben. Auch zu einer ‚Eselsbrücke' gibt es – genauso wie zu einer grammatischen Regel – die berühmte Ausnahme und Schüler sollten auf ihre Vorläufigkeit hingewiesen werden. Im übrigen haben derartige Feinheiten bei einem Beherrschungsgrad der Sprache durch die Schüler meist noch keine Relevanz.

‚Eselsbrücken' lassen sich in folgende Gruppen einteilen:

- akustische ‚Eselsbrücken'
- optische ‚Eselsbrücken'
- systematische ‚Eselsbrücken'

Akustische ‚Eselsbrücken' prägen sich wohl am leichtesten ein, wenn sie aus einem Reim bestehen. Weit verbreitet ist z.B. folgender Vers zum „s" der dritten Person Singular Präsens englischer Verben:

He, she, it – das „s" muß mit!

Aber auch gleichlautende Wortreihen gehören hierher. Sie werden mit einem Namen zusammengefaßt, durch den alle Wörter in einem onomatopoetischen Kontext gestellt werden, z.B.

*Hühnerverben:** *put, put, put*
cut, cut, cut

Der Nachteil dieser Wortreihen im Vergleich zu einem festen Reim, besteht darin, daß der Schüler nicht genau weiß, wieviele „Hühnerverben" es gibt und ob nicht evtl. das Verb *get* auch dazu gehört.

Optische ‚Eselsbrücken' enthalten entweder einzelne Buchstaben oder Anordnungen mehrerer Buchstaben, durch die eine Regel ausgedrückt wird. Diese Buchstaben werden zur Verdeutlichung durch Unterstreichen oder Einrahmen hervorgehoben, z.B.:

catch – caught
teach – taught

Systematische ‚Eselsbrücken' ziehen eine

den Schülern bereits bekannte Hilfskonstruktion hinzu, z.B. das Alphabet. Seine Reihenfolge wird zum Maßstab für bestimmte Buchstabenfolgen in Wörtern erhoben. Eine solche ‚Eselsbrücke' ist z.B.:

i vor y → bicycle

Trotz aller Probleme, die mit ‚Eselsbrükken' verbunden sind, sollten sie den Schülern besonders in den ersten Jahren des Spracherwerbs gegeben werden. Da sie oftmals recht humorvoll sind oder durch ihren Reim Heiterkeit erzeugen und sich aufgrund ihrer mnemotechnischen Eigenschaften besonders gut einprägen, sind es gerade die ‚Eselsbrücken', die auch über die Schulzeit hinaus noch erinnert und manchmal sogar von Generation zu Generation tradiert werden.

- Grammatikregeln selbständig finden: das Sechs-Schritte-Programm

Um Schülern im Unterricht das Erkennen der Grammatikregeln zu erleichtern, oder um sie beim selbständigen Wiederholen einer Grammatikregel zu unterstützen oder um sie schließlich zu befähigen, sprachliche Gesetzmäßigkeiten ganz alleine zu erkennen, sollten sie im Unterricht wiederholt angehalten werden, das Herausfinden solcher Gesetzmäßigkeiten zu üben. Dabei sollten sie aufgefordert werden, jeweils zu erklären, wie sie zu der Antwort gekommen sind.

Beim Herausfinden einer sprachlichen Regel vollzieht man normalerweise 6 Schritte:

Schülerarbeitsbuch S. 45

1. Die vorhandenen Sätze (Satzteile, Einzelsätze und Sätze im Kontext) werden miteinander verglichen, und zwar unter formal-sprachlichen Gesichtspunkten.
2. Beim Vergleichen werden Ähnlichkeiten herausgesucht, die z.B. im Satzbau oder in der Ähnlichkeit oder gar Gleichheit einzelner Wörter liegen.
3. Die als ähnlich identifizierten Sätze werden herausgeschrieben und dabei gleichzeitig segmentiert, d.h. in Einzelelemente zerlegt.
4. Die einander entsprechenden Segmente der Beispielsätze ordnet man untereinander an und trennt sie zusätzlich nochmals von den übrigen Segmenten durch räumlichen Abstand oder durch Trennungslinien.
5. Schlüsselwörter für die Struktur werden durch Highlighting, Unterstreichen, Einkästeln o.ä. hervorgehoben.
6. Die Regel wird formuliert und unter diese Sätze geschrieben.

Im Verlaufe dieser Vergleiche kann es sich auch ergeben, daß Ausnahmen zur Regel aufgespürt werden. Mit ihnen verfährt man in gleicher Weise und formuliert zum Schluß die Ausnahmenregel.

- Wie man Regeln lernt

Für das eigentliche „Lernen" der grammatischen Regeln bieten sich die folgenden Schritte an:

Schülerarbeitsbuch S. 46

1. Die Regel sehr genau durchlesen und versuchen, sie zu verstehen.
2. Zur Verdeutlichung und zur eigenen Kontrolle wird die Regel mit den in der Grammatik mitgelieferten Beispielsätzen verglichen.
3. Evtl. werden einzelne Merkmale durch Unterstreichungen usw. optisch hervorgehoben.

4. Man schreibt die gegebenen Beispielsätze ab, indem man sie selbständig segmentiert, d.h. in für die Struktur wesentliche Elemente aufteilt.
5. Diese Sätze versieht man mit graphischen Kennzeichnungen. (vgl. 3.)
6. Man liest diese Sätze mehrmals laut und konzentriert durch; dabei versucht man, sie zu behalten.
7. In der dazugehörigen Lektion des Schulbuches werden weitere Beispiele gesucht, auf dem Blatt ergänzt und wiederum laut vor sich hingesagt.
8. Man trägt die Regel und einzelne Beispielsätze in das grammatische Merkheft ein.

Bis zu diesem Punkt hat der Schüler/die Schülerin die grammatische Erscheinung vielleicht verstanden und für eine kurze Zeit behalten. Damit ist jedoch erst die Grundlage für den wesentlichen, nun folgenden Schritt gelegt, für das Üben. Es muß sich nun zwingend anschließen, um die Struktur zunächst zu automatisieren und um sie später frei anwenden zu können. Diese Phase kann der Schüler jedoch nur dann selbständig durchführen, wenn ihm geeignetes und gestuftes Übungsmaterial zur Verfügung steht. Besondere Lerntechniken gibt es für diese Phase nicht mehr, denn sie würde voraussetzen, daß die Schüler selber didaktische Überlegungen anstellen und selbständig Übungen entwickeln.

Das grammatische Merkheft

Das grammatische Merkheft findet in der Unterrichtspraxis weit verbreitet Einsatz. 32% der in einer Untersuchung befragten Lehrer lassen ein Grammatikheft führen.[21] Die Gründe dafür sind u.a. wohl die folgenden:

1. Die Textverständlichkeit von grammatischen Beiheften der Verlage ist nicht immer gewährleistet, daher werden andere Regelsammlungen benötigt.
2. Das Wiederholen der Grammatikregel aus dem eigenen Merkheft ist ein Wiedererkennen von schon einmal Gelerntem, was leichter fällt, da dadurch Assoziationen wachgerufen und mit dem Sprachmaterial verknüpft werden.
3. Zum Wiederholen findet der Schüler im eigenen Merkheft schneller Gesuchtes wieder als in einer der zur Zeit in Schulen eingeführten Grammatiken.
4. Das gesamte Merkheft gibt dem Schüler, wenn es über längere Zeit geführt wird, einen Überblick über das bereits Gelernte, wird also zu einer Art Inventarverzeichnis für ihn.
5. Das selbständige Eintragen und Gestalten des Merkheftes fördert das Behalten.

Zum Führen des Merkheftes benötigen Schüler alle diejenigen Kenntnisse, die bisher schon angesprochen wurden, insbesondere die grammatische Terminologie und die Darstellungstechniken.

Auch die Möglichkeiten, die Regel mit Hilfe der Segmentierung und parallelen Anordnung von Beispielsätzen zu verdeutlichen, so daß die Regelmäßigkeiten sofort ins Auge fallen, muß den Schülern bekannt sein.

Von der Anlage her sollte das Heft nicht zu dünn gewählt werden und einen stabilen Einband haben, da es möglichst über mehrere Jahre geführt werden soll. Die beiden Innendeckel können dazu benutzt werden, jeweils eine Liste mit der grammatischen

Terminologie und den entsprechenden Beispielen und Abkürzungen bzw. eine Liste mit gängigen Zeichen und Symbolen und ihren Erläuterungen aufzunehmen. Das erste Blatt stellt das Inventarverzeichnis dar und bietet so den notwendigen Überblick. Ähnlich wie bei der Wortschatzarbeit, ist es auch hier besonders günstig, ein Ringbuch zu verwenden, da in ihm leichter Ergänzungen zu den einzelnen Kapiteln eingeordnet werden können.

Schülerarbeitsbuch S. 49

Grammatik üben setzt Lerntechniken voraus

Bei den Übungen zur Grammatik können Lerntechniken im beschriebenen Sinne kaum noch nutzen, da zum Zeitpunkt des Übens die notwendigen Kenntnisse und Fertigkeiten bereits erworben wurden und nun lediglich gefestigt und vertieft werden sollen. Lerntechniken hierfür gibt es nicht. Dennoch sind besonders auf dieser Stufe bestimmte Kenntnisse der Schüler notwendig, damit das Üben nicht beeinträchtigt wird.
Eine Voraussetzung auf seiten der Schüler ist das Beherrschen der verschiedenen Aufgabenformen. Wenn z.B. die Englischlehrer einer Schule sich in ihrem Unterricht weitgehend auf Lückenübungen beschränken, muß der Schüler bei der Benutzung des Schulbuches unweigerlich auf Schwierigkeiten stoßen, wenn er die Handhabung von *multiple-choice*-Aufgaben, von *substitution tables*, von *scrambled sentences*, von *language charts* usw. nicht beherrscht.
Im engen Zusammenhang mit den Aufgabenformen stehen Wendungen, die zum *classroom discourse* gehören. Für die Übung von Grammatik fallen darunter z.B. die folgenden Wendungen:

Schülerarbeitsbuch S. 50ff.

Complete the following sentences.
Please complete this conversation by filling in the correct ...
Rewrite the following sentences using the passive voice.
Put this statement into the negative form.
Change the singular into the plural.
Fill in the missing word. (... the proper word)
Fill in the blanks with the correct forms.
Fill in the correct form of the verbs given in bracket.
Try to find the correct/suitable forms of ...
Once more, please.
Can you repeat that, please?
Could you say that once more, please?

Schließlich benötigen die Schüler als Voraussetzung zum ungehinderten Üben auch die Kenntnis der Sozialformen (Einzel-, Partner-, Gruppenarbeit). Sie müssen mehrfach im Unterricht durchgeführt werden, ehe der Lehrer sie voraussetzen kann. Es genügt nicht, sie im Unterricht lediglich einmal zu erklären.

3. Die wichtigsten Punkte auf einen Blick

Um grammatische Gesetzmäßigkeiten zu erkennen, zu verstehen und zu verarbeiten, bedarf es verschiedener Kenntnisse und Techniken. Der Schüler, der alleine

lernt, muß zunächst wissen, wo er sich Informationen zur Grammatik holen kann. Dazu stehen ihm das Englischbuch, evtl. das grammatische Beiheft, eine eigenständige Grammatik und auch das Wörterbuch zur Verfügung.
Um diese Nachschlagewerke aber auch benutzen zu können, sind die Kenntnis der grammatischen Terminologie sowie der einschlägigen Symbole und Zeichen wichtige Voraussetzungen.
Hat der Schüler die Grammatikregel nachgeschlagen oder erschlossen, gilt es, sie sich einzuprägen. Dazu reicht es nicht aus, sie einmal durchzulesen, sondern der Schüler durchläuft mehrere Schritte, in denen er sie an Beispielen anwendet und dadurch sein Verständnis überprüft. Außerdem kennzeichnet er das Wesentliche der Regel, merkt sich dieses und schreibt sie schließlich in einer prägnanten und verständlichen Weise in sein Merkheft.
Zur Übung dieser Grammatikregeln benötigt der Schüler Kenntnisse über die Handhabung verschiedener Aufgabenformen und – da die Übung wohl nur unter Anleitung des Lehrers geschieht – der *Classroom Phrases* (insbesondere der Arbeitsanweisungen) sowie der Sozialformen.

* Heinrich Baumgarten, „Eselsbrücken" als Hilfen für die Grammatikvermittlung im Englischunterricht in der Sekundarstufe I, in: Englisch Nr. 4, 1984, S. 142.

Hörverstehen

So beginnen manche Englischstunden:
Lehrer: Today you'll listen to a new story. It's about ... Listen carefully!

Lerntechniken im Überblick

1. Was sich beim Hörverstehen abspielt

Obwohl bereits 1975 die besondere Bedeutung des Hörverstehens beim Erwerb einer Fremdsprache z.B. durch das Verhältnis zu Lesen, Sprechen und Schreiben mit 8:7:4:2 ausgewiesen wurde[1], beklagten Fachdidaktiker zum gleichen Zeitpunkt und auch in den folgenden Jahren wiederholt seine Vernachlässigung. 1980, so stellt Bayer fest, „ist sich die Fachdidaktik weitgehend einig über den Stellenwert des Hörverstehens im Bereich der sprachlichen Fertigkeiten."[2] Dennoch ordnet er dem Hörverstehen in der Unterrichtspraxis der SI und SII eine untergeordnete Rolle zu. Heute – 1985 – scheint gerade das Hörverstehen eine Fertigkeit zu sein, über deren Bedeutung sich die meisten Fremdsprachenlehrer im klaren sind, aber dennoch Unsicherheiten bei ihrer Vermittlung verspüren.

Die Zahl der fachdidaktischen Untersuchungen in Fachzeitschriften u.a. Veröffentlichungen ist seither stark angestiegen, so daß sich bereits verschiedene Schulen erkennen lassen; jene, die von dem rein akustisch-physiologischen Prozeß des Hörens ausgeht und damit den eigentlichen Verstehensvorgang nicht berücksichtigt[3], und jene, die den Verstehensprozeß mit Hilfe der kognitivistisch orientierten Sprachpsychologie beschreibt. Trotz der verschiedenen Bemühungen sind Untersuchungen über die inneren Vorgänge dieser sprachlichen Aktivitätsform nur wenig in die Didaktik eingearbeitet[4] und Wolff beklagt: „Vor allem die zentrale Frage, was Verstehen eigentlich ist und welche Prozesse psychologischer Art beim Hör- und Leseverstehen eigentlich ablaufen, ist von der Fremdsprachendidaktik bisher nicht gestellt worden, ..."[5] Damit liefert er eine Erklärung dafür, daß auch kaum – beinahe keine – Aussagen über die Vermittlung von Lerntechniken zum Hörverstehen gemacht werden. Man ist sich weder über die Prozesse des Hörverstehens, die im Lerner einer Fremdsprache ablaufen, noch über dessen Strategien in hinreichendem Maße bewußt. In der Unterrichtspraxis beruhigt der Lehrer sein pädagogisches Gewissen durch die Aufforderung an die Schüler *„Listen carefully"*, die zwar gutgemeint[6], aber leider für den Schüler wenig hilfreich ist.

Das Hörverstehen – ein mentaler Prozeß

Eine Erklärung für die Schwierigkeit bei der Analyse von Hörverstehensprozessen liegt wohl in der Tatsache, daß das Hörverstehen – anders als die produktiven Fertigkeiten – ein ausschließlich mentaler Prozeß ist, der sich leicht der Analyse und Kontrolle entzieht. Der Schüler selber kann sie nicht durchführen. Als Lernender ist er meist nur bedingt in der Lage zu überschauen, ob und wieviel er von dem Hörtext wirklich verstanden hat und wie dieses Verstehen zustande gekommen ist. Ein Außenstehender, z.B. der Lehrer, kann den Fertigkeitsgrad des Hörverstehens nicht unmittelbar erkennen. Im schulischen Fremdsprachenunterricht wird daher im Anschluß an die Höraufgabe vom Lehrer gezielt die Sprachproduktion hervorgerufen, indem er geeignete „Übungen" oder Fragen zum Text anschließt. Die tatsächliche Funktion dieser Aufgaben liegt jedoch nicht in der Übung, sondern primär in der Kontrolle des Verständnisses. Sie geben dem Lehrer die Möglichkeit, auf das vollzogene Hören und Verstehen rückzuschließen. Die eigentliche Übung findet jedoch im Prozeß des Hörverstehens selber statt.

Dies wird besonders deutlich, wenn man bedenkt, daß es neben dialogischen Kommunikationssituationen eine ganze Reihe von Situationen gibt, „die nur das Verstehen, aber keine Sprachproduktion erfordern: Radio, Fernsehen, Film, Vortrag, Durchsage am Bahnhof usw."[7] Das heißt, eine sprachliche Produktion, die das Verständnis belegen würde, ist nicht immer unmittelbar notwendig.

In diesem Sinne versteht Brockhaus unter Zuhören die Förderung des Sprachkönnens: „Zeiten des Empfangs, der rezeptiven Sprachtätigkeit, sind durchaus keine Leerstellen im Sprachlernprozeß. Auch in dieser Form der Anwendung von Sprache liegt ein erheblicher Lerneffekt."[8] Auch Wolff beschreibt den sprachlichen Verstehensprozeß als einen aktiven geistigen Prozeß, an dem das Wissen über Sprache und Wissen über Welt beteiligt sind. Wissen über Sprache und Weltwissen werden vom Hörer aktiv eingesetzt, um die Mitteilung des Sprechers zu dekodieren. Verstehen heißt also nicht nur Erfassen der Laute, der grammatischen Segmente und der semantischen Elemente einer Äußerung, Verstehen heißt auch, die Absichten des Sprechers zu interpretieren. Dazu aber muß die Sprechäußerung mit dem eigenen Wissen über die Welt verglichen werden, vom eigenen Wissen über die Welt interpretiert werden."[9]

Diese Beschreibung weist auf die Komplexität des Hörverstehens hin, die durch das folgende Diagramm aufgefächert werden soll:

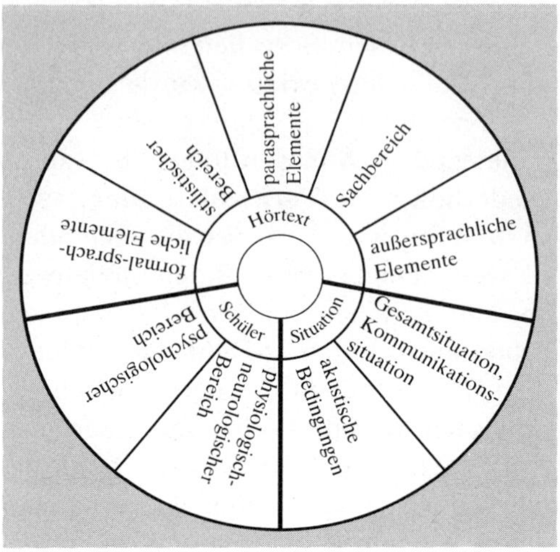

Die Abbildung macht deutlich, daß die Einflußfelder zum Hörverstehen in drei Bereichen liegen:

im Hörtext
im Hörer, d.h. dem Schüler
in der Situation

Die Einflußfelder beim Hörverstehen

Der Hörtext

Zunächst müssen die formalsprachlichen Elemente bis zu einem gewissen Grade verstanden werden. Dazu gehören der Wortschatz, die Strukturen, die Ausspracheform, z.B. *Received Pronunciation* (RP) oder *American English* (AE). In ihrem Anspruchsniveau können sie in geringem Maße über dem produktiven Kenntnisstand der Schüler liegen.

Im stilistischen Bereich müssen persönliche Sprachstile und ihre Intentionen erkannt werden. Der Wechsel zwischen verschiedenen Textsorten kann unterschiedliche Verstehens-, Behaltens- und Wiedergabeleistungen mitsichbringen. Günstig wirken Formulierungen mit Aufforderungscharakter und Aufzählungen. „Besonders Satzmuster letzten Typs bietem dem Lehrer Gelegenheit, Bilder und Assoziationen in (abstrakter) Lexik herzustellen.“[10]

Parasprachliche Elemente, wie Sprechgeschwindigkeit, Lautstärke, Rhythmus, Intonation usw. müssen diskriminierend erkannt und ihre Bedeutung unter Berücksichtigung des Kontextes interpretiert werden. Zunehmende Sprechgeschwindigkeit kann z.B. auf Freude, Aufregung oder Angst schließen lassen.

Der Sachbereich muß dem Erfahrungs-, Kenntnis- und Interessenbereich des Hörers nahestehen. Ist dies nicht gegeben, kann der Hörer unaufmerksam und unkonzentriert werden. Mangelnde landeskundliche Kenntnisse können das Verständnis behindern.

Rivers und Temperley verdeutlichen diese Bedingungen an folgendem Beispiel:

(A) Two students, Dale and Dwight, are in the supermarket:

DALE: Look at the price of those steaks, will you! They just go up and up!

DWIGHT: It's all the grain going out of the country that does it.

DALE: We should keep our grain for our own producers, if you ask me! We'll all be vegetarians soon!

DWIGHT: Well, don't blame me! I'm from Massachusetts![11]

Der außersprachliche Bereich muß soweit wie möglich während des Hörens zur Kenntnis genommen und interpretiert werden. Mimik, Gestik und andere Signale der Körpersprache können z.B. eine Aussage in ihr Gegenteil verkehren und als Zeichen für Ironie oder Scherz fungieren.

Der Hörer

Der zweite Komplex, der das Hörverstehen stark beeinträchtigen kann, liegt im Hörer selber:

Aus physiologischer Sicht sind z.B. Gehörfehler zu nennen, die ursächlich das Verstehen beeinträchtigen können. In den neurologischen Bereich fallen Konzentrationsschwächen, Ermüdungserscheinungen und Gedächtnisschwächen. Gerade das Gedächtnis ist „einer der Faktoren, die beim Hörverstehen eine Rolle spielen.“[12] Es ist beim Hörverstehen von größerer Bedeutung als bei der Realisierung der anderen Fertigkeiten. Dabei soll der Text nicht Wort für Wort behalten werden, was im Anfangsunterricht zwar häufiger der Fall sein wird, sondern der Schüler soll mit zunehmender Fertigkeit ein Gedächtnis für den gedanklichen Ablauf des Textes entwickeln.

Beim Behalten spielt die Zahl der zu speichernden Einheiten eine Rolle. Sie wird auf etwa 7 Einheiten begrenzt.[13] Unter „Einheiten“ kann dabei jedoch sehr Unterschiedliches verstanden werden: Phoneme, Wörter und Wortgruppen.[14]

Das psychologische Feld bezieht Haltungen und Erwartungen des Hörers ein, die

seine Bereitschaft zum Zuhören bedingen. „Hörhaltung bzw. mangelnde Hörbereitschaft können den Diskriminations- und Verhaltensakt im Hörprozeß erheblich beeinträchtigen."[15]
Der *context of interest* veranlaßt, daß wir vorrangig das hören, was wir erwarten. Rivers belegt das durch das Beispiel des *nonsense*-Satzes „The pirot karolizes elatically", den sie der gleichen Hörergruppe einmal im Zusammenhang mit der Vogelwelt und bei späterer Gelegenheit im Kontext des Flugwesens vorstellte. Jedesmal wurde der Satz von den Hörern im jeweiligen Sinne interpretiert.[16]
Auch das Bewußtsein einer streßfreien Lernsituation ohne Leistungsdruck fällt hierunter. Mit ihr hängt wiederum die Gedächtnisleistung zusammen, die – wie erwähnt – beim Hörverstehen von einiger Bedeutung ist. Versuche haben gezeigt, „daß die Hörbereitschaft hergestellt werden muß, ehe die eigentliche Hörschulung auf Verstandesebene beginnt."[17]

Die Hörer-Situation
Das dritte Einflußfeld beim Hörverstehen ist die Situation, in der der Hörprozeß abläuft.
Dazu gehören z.B. die akustischen Bedingungen, unter denen jemand einen Text anhört. Störgeräusche, wie z.B. ein vorbeifliegendes Flugzeug oder ein zu lautes Radio sind in der unmittelbaren Gesprächssituation behindernd. Bei der medialen Vermittlung eines Textes kommt die Aufnahmequalität hinzu. Eventuelle Sprachverzerrungen durch Lautsprecher oder Mikrophonansagen oder die Zahl der Sprecher können das Verständnis beeinflussen.

Zu diesem situativen Bereich gehört ebenso das Erfassen der Kommunikationssituation, der Redeabsicht des Sprechers, die Interpretation des von ihm gewählten Sprachregisters usw. Rivers und Temperlay bezeichnen diese Einflüsse als *recognition uncertainties* und fassen sie wie folgt zusammen:

Listeners construct a message from what they are hearing according to certain expectations based on:
- what they know of the language, not only syntax and lexicon, but usage in these areas for different styles of language;
- their familiarity with the subject under discussion;
- the knowledge of the real world that they share with the speaker (through which the latter can assume certain things which have not been expressed);
- their acquaintance with or assumptions about the personal attitudes and interests of the speaker;
- their observation and interpretation of the circumstances of the utterance, including what has preceded it;
- their understanding of the cultural context in which it occurs;
- their reading of paralinguistic cues (speed of speech, length of pauses, loudness, pitch, facial expressions), gestures, and other body language which differ from culture to culture.[18]

Stufen im Prozeß des Hörverstehens

Dieser Komplexität des Hörverstehens wird im Fremdsprachenunterricht durch gestufte Anforderungen entsprochen. Sie gehen aus vom fundamentalen Hören-Können und streben das Verstehen-Können als Endziel an. Dabei besteht das übergreifende Lernziel in der Aufnahme und Deutung von Inhalten gehörter und in normaler Sprechgeschwindigkeit und gängiger Ausspracheform dargebotener Texte nach einmaligem und unmittelbarem bzw. medialem Hören.

Dieses Ziel kann mit Gewißheit erst nach vielfältigem Üben erreicht werden. Auf dem Wege dahin müssen folgende Stufen durchlaufen werden:

Hören: Die formal-sprachlichen, parasprachlichen und außersprachlichen Signale müssen unter verschieden schwierigen akustischen Bedingungen diskriminiert werden.

↓

Verstehen: Die Bedeutung sprachlicher Einheiten muß unter Berücksichtigung verschiedenartiger Kommunikationssituationen, notwendig vorhandener Sachinformationen und der entsprechenden körperlich-geistigen Verfassung des Hörers erfaßt werden.

Dieses Erfassen der Bedeutung läßt sich nach Hecht[19] in drei Stufen staffeln:

Globalverständnis: Es vermittelt den Gesamteindruck des Textinhaltes.

↑ ↓

Grobverständnis: Der Hörer versteht abschnittweise die Intention des Textes.

↑ ↓

Detailverständnis: Inhaltliche und sprachliche Details werden erfaßt.

Dieser Weg kann jedoch auch umgekehrt beschritten werden:
Nach der Diskriminierung einzelner Elemente des Lautstromes erfaßt der Hörer die Bedeutung von Wörtern und Satzteilen und speichert sie im Kurzzeitgedächtnis. Die Verarbeitung des Gehörten ermöglicht die Speicherung im Langzeitgedächtnis, wo nach Rohrer nicht die sprachlichen Elemente, sondern die hinter ihnen stehenden Begriffe, die Ideen, aufbewahrt werden. Das heißt, der Schüler hat dann die Stufe des „Komplexverstehens" erreicht, auf der er eine Gesamteinsicht in den Hörtext gewinnt. „Er ist nun fähig, aus der Kenntnis der Details den Inhalt nicht nur zu beschreiben, sondern auch zu deuten und im Bereich des sprachlich Möglichen Stellung zu beziehen."[20] Der Weg des Schülers geht also vom Einhören in die lautliche Gestalt des Hörtextes, über das Segmentieren einzelner Elemente im Lautstrom, über das globale Erfassen des Inhaltes zur detaillierten Sinnentnahme.
Verschiedene Lerntechniken können ihm helfen, die einzelnen Stationen leichter zu durchlaufen.

Zur Übung des Hörverstehens

Sehr verbreitet ist unter Schülern das Bestreben, einen gehörten Text möglichst vollständig und Wort für Wort behalten und wiedergeben zu wollen. Diese Tendenz sollte im Unterricht abgebaut werden, da sie auch in der tatsächlichen Anwendung der Fremdsprache normalerweise nicht benötigt wird. Sie besitzt keine kommunikative Relevanz. Außerdem überfordert sie die Schüler in hohem Maße und wirkt sich lernhemmend aus. Stattdessen sollten Lerntechniken benutzt werden, die ein gezieltes, strukturierendes Hören ermöglichen.
Ehe derartige Lerntechniken beschrieben werden, sollen zunächst einige Lernvor-

aussetzungen genannt werden. Sie müssen bei der Benutzung dieser Lerntechniken berücksichtigt werden.

Schülerarbeitsbuch S. 58

- Ehe sich ein Schüler an eine Höraufgabe setzt, müssen die äußeren Bedingungen kontrolliert werden. Dazu gehört, daß sie/er weitgehend ohne Leistungsdruck den Text anhören kann und auch weiß, daß niemand von ihm eine vollständige Wiedergabe des gesamten Textes erwartet. Je nach sprachlichem Fertigkeitsstand reicht es manchmal aus, nur einige Wörter aus dem gesamten Lautstrom zu erkennen. Von seiner Einstellung her muß der Schüler obendrein bereit sein, sich den Text anzuhören. Ist er das nicht, treten Blockierungen ein, die das Verständnis und auch seine Motivation zunichte machen.
- Der Schüler sollte wissen, daß die Häufigkeit des Übens den Erfolg beim Hörverstehen ausmacht. Er sollte daher keine Gelegenheit auslassen, im Unterricht und auch zu Hause immer wieder andere Texte anzuhören. Dabei sollte dieser Übungsprozeß „möglichst früh einsetzen und systematisch betrieben werden."[21]

Zu derartigen, wenn auch ungelenkten Übungen kann es gehören, fremdsprachliche Radiosendungen, Schallplatten, Kassetten usw. zu nutzen, die man entweder gezielt anhört oder sich auch von ihnen „berieseln" läßt. Selbst im letzteren Fall dringen Signale wie Stimmführung, Sprechgeschwindigkeit, ja sogar einige Wortfetzen ins Bewußtsein und prägen sich dort ein. Germer weist darauf hin, daß die Schüler bereits ab 2. Lernjahr in der Lage sind, eigene Tonbandaufzeichnungen von Radiosendungen herzustellen und zur Übung zu benutzen.[22]

- Je häufiger Übungsgelegenheiten gegeben sind, desto größer kann auch die Zahl der unterschiedlichen Sprecher sein, die vom Schüler verstanden werden sollen. Je größer die persönlichen sprachlichen Varianten sind, desto flexibler wird der Schüler in seiner Hörverstehensfertigkeit. „Hörtexte mit gelegentlichen Aussprachevarianten könnten schon im ersten Unterrichtsjahr eingesetzt werden, ..."[23]
- Das Verständnis eines gehörten Textes kann zwar durch mehrmaliges Anhören desselben immer größer werden. Hat der Schüler jedoch einmal die richtige Dekodierung herausgefunden, so kann dieses Verstehen nicht noch einmal neu stattfinden. Hörverstehen kann nur an stets Neuem geübt werden.[24] Die Folge ist, daß zur Übung des Hörverstehens eine große Auswahl an Hörtexten zur Verfügung stehen muß. Diese zu finden ist schon für den Fremdsprachenlehrer nicht immer leicht, und in bezug auf das selbständige Lernen des Schülers stellt dies oft die Hauptursache für mangelnde Übungsgelegenheiten dar, da ihm die entsprechenden Hörtexte nicht in dem notwendigem Umfang und im richtigen Schwierigkeitsgrad zur Verfügung stehen.

Die folgende Aufzählung soll jedoch Hinweise zur raschen und kostenunaufwendigen Beschaffung von Hörtexten geben. Dazu gehören:

- Radiosendungen von Sendern der Zielsprache[25]
- Fernsehsendungen, meist Filme in der

Originalversion
- Kassetten, Schallplatten, Tonbänder aus Stadtbüchereien, Schulbibliotheken, von Lehrern, Freunden und Verwandten
- echte Kommunikationssituationen mit Sprechern der Zielsprache, wie sie durch die in vielen Bundesländern der Bundesrepublik stationierten alliierten Truppen oder in anderen Gebieten durch die zahlreichen ausländischen Besucher (z.B. im Schwarzwald, Bayern oder am Rhein) möglich sind.

Während die letztgenannte Alternative nicht immer verfügbar ist, sind die drei übrigen Materialquellen sehr einfach zu beschaffen und auch sehr vielfältig in ihrem Angebot. Wichtig ist dabei die Möglichkeit der Aufzeichnung auf Video- oder Tonkassette, weil dadurch ein wiederholtes Abspielen und das Einbauen von Pausen durch die Bedienung der Stop- bzw. Pausentaste möglich wird. Voraussetzung ist, daß dem Schüler im Unterricht zuvor die Technik des Abhörens vermittelt wurde.
Die für den Schüler am leichtesten zu handhabende Grundlage bietet die echte Gesprächssituation an, weil er hier alle parasprachlichen, außersprachlichen, inhaltlichen und situativen Bedingungen beeinflussen kann. So kann er den Gesprächspartner bitten, langsamer zu sprechen, etwas zu wiederholen, etwas Unverstandenes anders zu formulieren. Durch Nachfragen können Unsicherheiten im Verständnis beseitigt und durch die Wahrnehmung situationsbezogener Signale des Sprechers (Mimik, Gestik usw.) kann dessen Sprache verdeutlicht werden.

Dieser recht günstigen Ausgangssituation kommen Videoaufzeichnungen sehr nahe, da auch sie alle o.a. Elemente aufweisen (außer der direkten Rückfrage) und obendrein eine identische Wiederholungsmöglichkeit anbieten. Der Vorteil derartiger Hörmaterialien liegt neben der Wiederholung darin, daß hier das visuelle Element die Sprache unterstützt. Empirische Untersuchungen belegen, daß selbst bei nur einmaligem Hören eines Textes mit Bildern der Verstehenseffekt höher ist als bei zweimaligem Hören ohne Bilder.[26]
Darüber hinaus ist hier der Übergang gegeben zum Hören ohne visuelle Hilfen, indem zu einer Videoaufzeichnung die entsprechenden Tonkopien gezogen werden.
Radiosendungen sind von allen genannten Hörtexten die schwierigsten, weil sie ohne die Hilfe der Situation bzw. der Bilder arbeiten. Obendrein ist zu differenzieren, zwischen Nachrichtensendungen, die zwar in sprachlich äußerst korrekter Form, aber dafür auch in sehr knapper Formulierung ohne Redundanz und mit häufigem thematischem Wechsel angeboten werden und vom Schüler einiges an Flexibilität erfordern und anderen Radiosendungen, die sich länger mit einem Sachthema befassen, z.B. Reportagen, Kommentare, Interviews usw.

- Die Länge des Textes kann je nach dem Ziel, das mit dem Hörverstehen verbunden ist, variiert werden. Handelt es sich um ein intensives Hören, bei dem es um Details geht, sollten kurze Textsorten gewählt werden: Nachrichten, Durchsagen, Ankündigungen ... Das extensive Hören erzielt lediglich das Globalverständnis und gibt über Hauptgedanken

Auskunft. Bei medial vermittelten Texten sollte die Dauer anfangs nur 15–30 Sekunden betragen und in den ersten Unterrichtsjahren über wenige Minuten nicht hinausgehen[27], z.B. bei Nachrichten zwischen 2 und 5 (9) Minuten liegen.[28]

- Um sprachlichen Schwierigkeiten beim Hörverstehen vorzubauen, sollten bestimmte Wörter immer wieder geübt und gefestigt werden, da sie beim Hörverstehensprozeß entweder sehr oft vorkommen und/oder durch ihre sprachliche Gestalt sehr schnell Verwirrung stiften. Dazu gehören Zahlen, Daten, Eigennamen, geographische Bezeichnungen, Titel und Ämter[29]. Ihnen sollte daher im Rahmen der Wortschatzarbeit besondere Bedeutung geschenkt werden.

2. Lerntechniken zum hörenden Verstehen

Für die Schüler besteht beim Hörverstehen das Hauptproblem im eigentlichen Abhörprozeß selber, d.h. in der Aufnahmephase. Daher beziehen sich die im folgenden dargestellten Lerntechniken zum einen auf das Diskriminieren von Lauten und Wörtern und auf das Verstehen von Inhalten und zum anderen auf Verfahren zur Unterstützung des Behaltens.

Lerntechniken zur Verarbeitung und Anwendung des Gehörten fallen unter die Sprachproduktion und werden an entsprechender Stelle behandelt.

Erschließen der Bedeutung des Hörtextes

- **das Achten auf Sprechersignale** *(The Given-New Strategy)*

Aus lernpsychologischer Sicht bezeichnet Bever die inneren logischen Bezüge in einem Text als *„a major determiner of perceptional segmentation in speech processing.“*[33] Er nennt in diesem Zusammenhang mehrere Segmentierungsstrategien, von denen eine auch für den selbständig lernenden Schüler von Bedeutung ist: Ausgehend von seinen Erwartungen mit der Fremdsprache sieht der Schüler normalerweise das erste Subjekt und das ihm folgende Verb als den Hauptsatz an, es sei denn, Wörter wie *if, before, when* signalisieren ihm, daß es sich um einen Nebensatz handelt und somit noch mit einer weiteren Aussage zu rechnen ist. Er sollte also lernen, Wörter wie *although, since, after* und viele andere als Signal zu verstehen. Diese Strategie hängt mit der Verwendung sprachlicher Äußerungen zusammen:

„the speaker agrees (a) to use given information to refer to information he thinks the listener can uniquely identify from what he already knows and (b) to use new information to refer to information he believes to be true but is not already known to the listener.“[34]

Diese Grundannahme macht es dem Hörer möglich, davon auszugehen, „daß der Sprecher die gegebene und die neue Information in seinen Äußerungen für ihn markiert. Seine Strategie besteht also darin, diese Signale des Sprechers, z.B. also die Strukturwörter, zu sehen und entsprechend zu dekodieren.“[35]

Schülerarbeitsbuch S. 60f.

Lies den folgenden Text durch und gib nun selber an, auf welchen Satzteil sich die Bezugsworte beziehen:

CHOOSE YOUR OWN DISC-JOCKEY

This was the offer of the meeting at the Exeter youth club last Saturday. All the boys and girls of your club were there. They wanted to find out the best of two disc-jockeys: Peter who always played American music and Jack who liked an international mixture of songs. The former was very successful and seemed to be the winner. But the latter won the contest by 2 points difference.

Bezugswort	Satz(teil)
______________________	______________________________________
______________________	______________________________________

- **das sequentielle Kombinieren von Wortpaaren; Assoziieren von Wörtern**

Hörverstehen setzt geistige und sprachliche Flexibilität und Kombinationsvermögen voraus, was einem Hörer der Fremdsprache auch bewußt gemacht werden sollte. Denn diese Fähigkeiten können das Verstehen fremdsprachlicher Texte erleichtern, wenn sie bewußt eingesetzt werden.
Gleichzeitig wird der Akt des Verstehens durch das umliegende Vorstellungs-, Gedanken- und Gefühlskonglomerat beeinflußt.[36]
Die Erwartungen des Hörers verursachen, daß er das hört, was er hören möchte.
Beide Erkenntnisse greift die sequentielle Psycholinguistik auf, die von der Beobachtung ausgeht, „daß in einer Aussage dem Wort A mit einer gewissen Regelmäßigkeit ein bestimmtes Wort B folgt."[37]
Brockhaus erläutert: „Wortfolge, Satzbau und Thematik bauen beim Hörer eine Erwartungshaltung auf, die ihn veranlaßt, dem Wort seines Gesprächspartners vorauszueilen. Je fester sich das Voraufgegangene zu einem Gebilde gefügt hat, um so sicherer kann die Vermutung auf das Kommende sein. Diese Sequentialisierung, diese Einstellung des Hörers auf eine gewisse Folgestimmigkeit der Sprachmittel seines Partners erleichtert den Akt des Verstehens und verdient im Unterricht besondere Beachtung."[38] Man weiß also, daß z.B. folgende englische Wörter eng zusammengehören:

to shake – *hands*
the Common – *Market*
a bride – *groom*
Beware – *of the dog*
a flock – *of sheep*

Diese Kenntnis versetzt den Hörer in die Lage, ein nicht bekanntes Wort durch die Kombination mit dem zweiten dennoch zu verstehen. Außerdem kann er aufgrund seiner Erwartungshaltung nach Hören des ersten Wortes seinem Gesprächspartner vorauseilen und die folgenden Formulierungen schon erahnen. Diese Einstellung des Hörers auf den Sprecher erleichtert den Akt des Verstehens, denn es fördert die Konzentration und „der Augenblick [des Sprechaktes] wird entzerrt."[39]
Die sequentielle Kombination kann noch erheblich häufiger eingesetzt werden,

wenn durch den Kontext steuernde Informationen vorhanden sind. Die Zahl der Wortpaare steigt dann deutlich an:

	a horse
to ride	
	a bike
	the page
at the bottom of	
	the cup
	a pipe
to smoke	
	a cigarette

Das heißt, zu dem sequentiellen Kombinieren tritt eine weitere Fähigkeit ergänzend hinzu, nämlich das Assoziieren von Wörtern aus einem Assoziationsfeld. „Es funktioniert etwa in der Weise, daß der Hörer, je nach erreichter Sprachfertigkeit, für die Semantisierung jeweils mehrere Möglichkeiten bereit hat, zwar latent, aber dennoch verfügbar."[40]

Das auftauchende Klangbild setzt einen Assoziationsmechanismus in Gang. Von lautlichen grammatischen oder semantischen Faktoren ausgelöst, stellen sich mehrere assoziativ vorhandene Möglichkeiten ein.

Mögliche Übungsaufgaben

Um die Schüler in die Lage zu versetzen, derartige Lerntechniken bewußt zu verwenden, müssen sie im Fremdsprachenunterricht besprochen und an Beispielen durchgespielt werden. Folgende Verfahren bieten sich an:

1. Die Schüler erhalten einen Text, in dem einige Wörter nicht leserlich sind. Sie werden jedoch am Ende des Textes ungeordnet zusammengestellt. Die Schüler suchen nun die passenden Wörter heraus und notieren sie.
2. Der Text zur Übung des sequentiellen Kombinierens wird vom Lehrer satzweise vorgelesen, wobei die gekennzeichneten Wörter entweder ausgelassen, undeutlich gesprochen oder durch ein akustisches Signal, (z.B. Klopfen) überdeckt werden.

Die Schüler nennen diese Wörter bzw. schreiben sie auf.

Zur Bestätigung liest der Lehrer den Text ein weiteres Mal vor, nun in vollständiger Version, z.B.:

Tina, the Italian Au-Pair [illegible].

In the morning Tina gets [illegible] and goes to the bathroom. There she combs her [illegible]. Then she fetches the newspaper. While reading it she drinks a [illegible] of coffee. After breakfast she must mow the [illegible]. When she has finished she cooks the [illegible] for the day. In the evening she is of course very tired.

daily	meal	up	cup	hair	girl	lawn

3. Zur Übung von Assoziationen beim Hörverstehen könnten zunächst Assoziations- und Wortschatzübungen durchgeführt werden, wie sie auf Seite 51f. vorgeschlagen werden. Hat man auf diese Art ein bestimmtes Assoziationsfeld abgedeckt, z.B. *going to work*, könnte ein entsprechender Text vorgelesen oder vorgespielt werden, der wie in Übung 1 durch akustische Störungen Begriffe dieses Assoziationsfeldes verdeckt. Die Übung wird wie Nr. 1 fortgesetzt. Schülerarbeitsbuch S. 60

Die genannten Vorschläge beziehen sich auf die unterrichtliche Übung dieser Lerntechniken. Schüler, die diese Kenntnisse selbständig nutzen und alleine üben möchten, haben folgende Möglichkeiten:

a. Er/sie wählt einen Text aus, der etwas über seinem/ihrem sprachlichen Niveau liegt, z.B. aus dem Rundfunk.
b. Er/sie zeichnet die gewählte Sendung auf Kassette auf.
c. Er/sie hört die Überschrift bzw. das Thema an, stoppt die Kassette und macht eine Wortschatz- und Assoziationsübung.
d. Er/sie hört den Text unter Einbeziehung der Assoziationen besonders an den Stellen an, die er/sie nicht klar versteht. Ist der Schwierigkeitsgrad des Textes für ihn/sie sehr hoch, geht er/sie satzweise vor und versucht, seine Kombinationen und Assoziationen bei wiederholtem Abspielen zu nutzen.

Schülerarbeitsbuch S. 59

- **das sinnerschließende Hören (kombinierende Identifizieren)**

Das sinnerschließende Hören, auch als *intelligent guessing*[41] oder als kombinierendes Identifizieren[42] bezeichnet, umfaßt alle jene Lerntechniken, die schon beim Erschließen fremder Vokabeln genannt wurden. (S. 34f.) Sie werden daher an dieser Stelle nur genannt, nicht jedoch weiter erläutert:

- Erschließen mit Hilfe der Muttersprache
- Erschließen mit Hilfe einer weiteren Fremdsprache
- Erschließen mit Hilfe von Wörtern der Zielsprache
- Erschließen mit Hilfe internationaler Fremdwörter
- Erschließen mit Hilfe des Kontextes

Entlasten des Gedächtnisses

- **Advance Organizers suchen (Leitfragen suchen)**

Um die Gedächtnisanforderungen beim Hörverstehen möglichst niedrig zu halten, schlägt Schratz nach Ausubel den Einsatz von *advance organizers* vor, die sich der Schüler nach Möglichkeit vor dem Hören des Textes beschafft. Sie prägen seine Erwartungen bezüglich der Textaussage und dienen zur Vorentlastung, indem bereits die entsprechenden Assoziationsfelder hervorgerufen werden. In diesem Sinne funktioniert auch das Frame-Modell. Durch die Aktivierung eines der vielen *frames*, der eine Informationssammlung des Gedächtnisses zu verschiedenen Situationen darstellt, wird das in ihm gespeicherte Wissen des Hörers bereitgehalten und genutzt, die wahrgenommene Sprechäußerung zu interpretieren.
Eine Form des *advance organizing* besteht in der Informationssuche, d.h. daß sich der Schüler vor dem Hören einige Leitfragen stellt. Diese müssen naturgemäß recht allgemein bleiben, wie etwa *who? where? what? when?* oder *why?* Sie unterstützen die Konzentration des Schülers auf den Textinhalt und lenken ihn insofern, als er durch sie zu mehrmaligem Abhören des Textes angehalten wird, da nicht allen Fragen beim ersten Hördurchgang die gleiche Aufmerksamkeit geschenkt werden kann. Ordnet der Schüler diese Fragen im Rahmen eines Schemas an, so erhält er eine recht nützliche Übersicht über den Textinhalt, die daraufhin für die Sprachproduktion geeignet ist. Dieses Schema eignet sich daher gut zur *note-taking practice*. (Vgl. S. 123)

Schülerarbeitsbuch S. 64

- **das Segmentieren von Wortgruppen**

Mit Segmentieren ist das Gruppieren von inhaltsbezogenen Wortgruppen im gesamten Lautstrom gemeint. Es stellt einen Auswahlprozeß dar, da nicht jedes einzelne Wort behalten werden muß, sondern lediglich die durch die Wortgruppe vermittelte Aussage. Denn wir verfügen nicht über ein syntaktisches Gedächtnis[30], wir speichern also nicht die verbale Formulierung, sondern nur die durch sie ausgedrückte Information. Das wiederum entlastet das Gedächtnis erheblich, wie Rivers und Temperley ausführen:

> "Just as it is easier to remember nine numbers in three groups (382 965 421), so it is easier to remember *I can see him / across the road / in his garden* as three syntactic groupings, or meaningful chunks rather than as ten separate words, even if we are not sure of the lexical meanings of some of the words."[31]

Das Segmentieren in *meaningful chunks* hat folgende Vorteile:

- Der Schüler löst sich von einzelnen Wörtern und teilt einen Satz in kleine Päckchen. Seine Konzentration liegt also bei einer Wortgruppe.
- Fremde Wörter, sofern sie nicht inhaltliche Kernwörter der Aussage darstellen, können dabei unbeachtet bleiben und Funktionswörter dürfen überhört werden.
- Die Gesamtaussage läßt sich durch einzelne Kernwörter ausdrücken, was behaltensförderlich ist und gleichzeitig für eine eventuelle sprachliche Reaktion die notwendige Grundlage bietet.

Übungsvorschläge

Um dieses Segmentieren, das ein rein mentaler Prozeß ist, zu üben, sollte der Schüler Hörtexte von der Kassette Satz für Satz abhören und jeweils segmentierend nachsprechen. Die gleiche Übung kann auch schriftlich durchgeführt werden, wobei der Schüler vor jedem Aufschreiben den segmentierten Satz zunächst sprechen sollte. Ein Hörtext könnte z.B. wie folgt segmentiert werden:

Mr Clarke:
"I go into London / every morning. I always go by car / because it's more comfortable. There's no fighting for a seat / and I can listen to the radio. I don't have to wait / for the bus or the underground. Usually I can park / in the street where I work, / so I don't have to walk / very far. But sometimes it's quite difficult / to park the car. It takes me one hour / to get to work."[32]

In diesem Beispiel wird deutlich, daß die Sinneinheiten in einfachen Texten recht kurz sind. Die unterstrichenen Wörter sind die den Inhalt tragenden Wörter, die das Gerüst des ganzen Textes darstellen. Sie sind es, die der Schüler bei der *notetaking practice* primär aufschreibt.

Ziel derartiger Übungen, die natürlich besonders zu Anfang des Spracherwerbs häufiger geübt werden müssen, ist ein verändertes Hörverhalten beim Schüler. Er wird danach nicht mehr an Einzelwörtern hängen bleiben und auch nicht erschrekken, wenn ein ihm unbekanntes Wort auftaucht.

Schülerarbeitsbuch S. 65

- **Das Notieren von Textaussagen (notetaking-practice)**

Das ist eine sehr geeignete Technik, um das Verstehen und Verarbeiten eines gehörten oder gelesenen Textes zu unterstützen. Je nach Zielsetzung der Übung und je nach Schwierigkeitsgrad des Textes hat der Schüler dabei folgende Alternativen:

Er/sie **schreibt die Wörter** auf, **die er/sie verstanden hat** und gewinnt – ähnlich wie beim Segmentieren – die Möglichkeit, durch Herstellen logischer Bezüge den Sinn des Textes zu dekodieren.

Beispiel
Unter der Überschrift *Semantic-Syntactic Decoding* gibt Rivers als Beispiel folgende Liste verstandener Wörter aus einer Nachrichtensendung an:

... snow ... Northern California ... good ... farmers ... San Francisco ... biggest snow ... 89 years ... surprise ... drought ... bad ... California ... yesterday ... San Francisco ... Catholics ... asked ... pray ... rain ... morning ... woke ... snowing ... biggest snow ... San Francisco ... century ... snow ... mountains ... short ... winter ... sports ... again ... ski ... paralysed ... ranchers ... sold ... cattle ... agriculture. .. California ... three ... million dollars ... snow ... rain ... finally ... come.[43]

Sie geht davon aus, daß der Hörer aufgrund seiner Allgemeinbildung und seiner Kenntnis ähnlicher Situationen mit großer Wahrscheinlichkeit folgende Aussagen ableiten kann:

The huge snowfall in Northern California is good news for farmers out there. In San Francisco the biggest snowfall in 89 years came as a surprise. The drought has got so bad in California that yesterday in San Francisco Roman Catholics were asked to pray for rain. This morning when San Franciscans woke up it was snowing – the biggest snow in San Francisco this century laid a couple of feet of snow in the Sierra Nevada mountains which had been woefully short. Winter sports can finally get going again. Ski resorts had been paralyzed. Ranchers had sold off their cattle prematurely. Agriculture in California had lost three hundred million dollars before the snow and the rain which has finally started to come.[44]

Der Schüler/die Schülerin notiert die **Hauptaussagen eines Textes**. Da aber nicht vorausgesetzt werden kann, daß Schüler überhaupt fähig sind, diese zu erkennen, sollte das Herausfinden der wichtigsten Teile eines Textes zunächst nicht im Rahmen des Hörverstehens, sondern des Leseverstehens anhand vorliegender Texte geschehen und erst dann auch beim Hörverstehen geübt werden kann. (vgl. S. 93)

Beispiel
Lies den folgenden Text durch und kreuze hinter den vier Auswahlsätzen denjenigen an, der das wichtigste anspricht.
Overeating causes overweight; yet more important than the large amount of food may be the small amount of exercise. In other words, if you want to eat a lot, take a lot of exercise. In some cases, heredity may also be a factor.

a. Overeating causes overweight.
b. Overeating is hereditary.
c. Exercise prevents overweight.
d. People who eat a lot don't get much exercise.[45]

Der Schüler/die Schülerin notiert **Aussagen zu einem bestimmten Aspekt des Textes**. Hierbei hat das oben Gesagte die gleiche Gültigkeit. Das Notieren kann während des Hörens geschehen, aber auch im Nachhinein. Im letzteren Fall hat der Schüler mehr Ruhe, die Notizen anzufertigen. Da er den Gesamttext kennt, kann er die Notizen außerdem sinnvoll einander

zuordnen. Nachteilig ist jedoch, daß das Gedächtnis stark in Anspruch genommen wird und manchmal durch die Vielzahl der Informationen einige einfach nicht behalten werden.
Fertigt der Schüler die Notizen während des Hörens an, ohne daß die Stoptaste für Pausen bedient wird, kann er zwar sein Gedächtnis durch sofortiges Aufschreiben entlasten. Jedoch muß er dabei einerseits auf das Hören, andererseits auf das Schreiben konzentriert sein, was eine doppelte Anstrengung bedeutet. Hinzu kommt, daß er die Notizen sehr rasch anfertigen muß, da ihm sonst der Sprecher „davonläuft". Hierzu benötigt er wiederum Kenntnisse über Kürzungsmöglichkeiten bei der Anfertigung von Notizen. (vgl. S. 121)
Besonders wichtig ist es, beim Aufschreiben die Notizen in einer sinnvollen Anordnung festzuhalten. Dazu können anfangs Raster eine gute Vorlage sein, wie Sie auf S. 123 vorgeschlagen werden. Eine derartige graphische Gestaltung hat den Vorteil, besser behalten zu werden und ist somit für die Sprachproduktion eine günstige Ausgangsbasis.
Da die *note-taking practice* wie auch die *note-making practice* ausführlicher unter dem Gesichtspunkt der Sprachproduktion beschrieben werden, findet man umfassendere Hinweise ab Seite 117.

3. Wichtige didaktische Schlußfolgerungen

Hörverstehensübungen in der Fremdsprache sind für Schüler deshalb sehr schwierig, weil sie von drei Komponenten beeinflußt werden: vom Hörtext, von der Situation und vom Hörer selber.
Die Ursachen für die Schwierigkeiten beim Hörverstehen sollten auch den Schülern bewußt gemacht werden und sie von dem Bestreben abhalten, immer jedes einzelne Wort verstehen zu wollen.
Stattdessen sollten sie Techniken kennenlernen, die sie in die Lage versetzen,

- ausgehend vom Verstandenen auch Nicht-Verstandenes zu erschließen;
  dazu gehören folgende Verfahren:
  - das Achten auf Sprechersignale
  - das sequentielle Kombinieren
  - das sinnerschließende Hören
- während des Hörverstehensvorganges ihr Gedächtnis zu entlasten;
  dazu bieten sich u.a. folgende Techniken an:
  - advance organizers (Leitfragen suchen)
  - das Segmentieren von Wortgruppen
  - die *note-taking practice*

Alleinlernende Schüler haben lediglich die Möglichkeit, diese Techniken mit Hilfe eines Kassettenrekorders oder eines Tonbandgerätes anzuwenden und zu trainieren. Im Fremdsprachenunterricht sollten unabhängig von der Möglichkeit des einzelnen Schülers diese Kenntnisse und Fertigkeiten vermittelt werden, wobei jede Unterrichtsstunde, die ohnehin Übungen zum Hörverstehen vorsieht, auch die entsprechende Hörverstehenstechnik gezielt fördern kann. Eine Voraussetzung dafür ist, daß die ausgewählten Texte zwar dem sprachlichen Niveau der Schüler angepaßt sind, jedoch noch so viele Schwierigkeiten beinhalten, z.B. in Form neuer Wörter, der Textlänge oder der Informationsdichte, daß die Schüler auf die genannten Lerntechniken angewiesen sind.

Eine zweite Bedingung ist, daß Lehrer und Schüler gemeinsam die angewandten Lerntechniken besprechen und eigene Erfahrungen untereinander austauschen.

Die dritte und wichtigste Bedingung besteht darin, daß Übungen zum Hörverstehen sooft und so individuell wie möglich durchgeführt werden, so daß jeder Schüler die Chance hat, die für ihn am besten geeigneten Techniken herauszufinden. In diesem Zusammenhang gewinnt das Sprachlabor (und zwar das HSA-Labor) wieder an Bedeutung, da hier der Schüler die Gelegenheit hat, die einzelnen Techniken für sich durchzuspielen und individuell zu wiederholen. Die Übung der Lerntechniken zum Hörverstehen muß jedoch im Gesamtzusammenhang des Fremdsprachenerwerbs gesehen werden. Das bedeutet, daß bestimmte Verfahren zum Hörverstehen zunächst bei der Wortschatzarbeit (z.B. Segmentieren, *pre-questions, note-taking*) geübt werden sollten, ehe sie im Hörverstehen mit Erfolg angewandt werden können.

Leseverstehen

So endete manche Englischstunde:

Lehrer: *Now your homework: Read the text on page … so that tomorrow you can answer my questions.*

Lerntechniken im Überblick

1. Wie liest man?

Wenn sich ein Schüler dazu entscheidet, seine Lesefertigkeit gezielt zu trainieren, und dies ohne die Hilfe eines Lehrers oder eines besonderen Übungsbuches tun will, so sieht er sich zunächst gezwungen, einen Text auszuwählen. Da er selber keine didaktischen Kriterien anlegen kann, wird er sich an der Textlänge bzw. der eingeplanten Übungszeit sowie an seinen thematischen Interessen orientieren. Um den geeigneten Schwierigkeitsgrad zu treffen, wird er seine Wahl wohl oft aus seinem Englischbuch bzw. Französischbuch treffen oder aus Lektüren, die er im Unterricht erhalten hat.

Während diese Entscheidungen für den Schüler noch relativ leicht zu fällen sind, steht er als zweites vor dem Problem, wie er nun eigentlich das Lesen üben kann. Dazu benötigt er Kenntnisse über die verschiedenen Lesearten, die verschiedenen Schritte im Leseprozeß und die jeweiligen Lerntechniken.

Da der Schüler diese Informationen aber nur durch seinen Fremdsprachenlehrer oder durch einschlägige Handbücher erhalten kann (die ihm jedoch meist nicht zugänglich sind), stellt sich für den Lehrer die zwingende Aufgabe, seinen Schülern so früh wie möglich die ersten Lerntechniken zu vermitteln. Andernfalls muß er damit rechnen, daß sie im Laufe der gesamten Sekundarstufe I nur sehr bedingt in der Lage sind, etwa eine Hausaufgabe, wie oben beschrieben, zu erfüllen.

Um Lerntechniken im Bereich des fremdsprachlichen Lesens gezielt einsetzen zu können, ist es notwendig, sich über die Funktionen und die Arten des Lesens in der Schule und im Alltag klar zu werden.

Das Ziel des Lesens liegt nach Seliger nicht in der Sprachübung, sondern im Informationserwerb.[1] Ein Blick auf das alltägliche Leben zeigt, daß dies weitgehend zutrifft. Wir lesen Briefe, Zeitungen, Gebrauchsanweisungen, Sachbücher u.a.m., um die in ihnen enthaltenen Informationen aufzunehmen. Hinzu kommt der ästhetische und geistige Kunstgenuß, den wir beim Lesen literarischer Texte erfahren. Und schließlich ist das Lesen von Kriminalromanen und anderer Trivialliteratur nicht zu übersehen, nach denen wir wegen ihrer psychischen und emotionalen Anreize greifen.

Der Fremdsprachenunterricht der SI nimmt diese Anlässe auf, wobei aber wegen der begrenzten sprachlichen Kenntnisse der Schüler der künstlerisch-ästhetische Aspekt nur eingeschränkt berücksichtigt wird. Damit verbleiben als wichtigste Grundlage für den Fremdsprachenunterricht der SI folgende drei Funktionen:

- Lesen zur Information
- Lesen aus psychisch-emotionalem Anreiz
- Lesen zum Spracherwerb.

Da das Lesen eine rezeptive Fertigkeit unter den kommunikativen Kompetenzen darstellt, könnte der Schluß naheliegen, es mit passivem Verhalten von Schülern in Verbindung zu bringen. Dies wäre jedoch nicht zutreffend. Hermes weist daher richtig darauf hin, daß sich dem Lesen reproduktive und produktive Aufgaben an und mit dem Text anschließen und der Schüler auf verschiedene Arten aktiv wird.[2]

Auch Yorkey betont, daß Lesen eine starke Aktivität des Lesers voraussetzt:

„Reading is not a passive skill as it may first seem to be when compared with speaking or writing. Reading is actually a kind of dialog between the reader and the author. Reading involves as much alertness and participation as does a conversation: asking questions, evaluating answers, summarizing ideas, then asking more questions, and so on.“[3]

Aus lerntheoretischer Sicht weisen Mandl u.a. auf die Leser-Text-Interaktion hin:

„Demnach resultiert Textverstehen aus der aktiven Konstruktion einer kohärenten Wissensstruktur, in der Informationen aus dem Text und aus dem Vorwissen unter der Kontrolle von Zielsetzungen des Lesers integriert. Der Text ... löst beim Lesen die fortlaufende Konstruktion einer Wissensstruktur im Kopf des Lesers zwar aus, bestimmt sie aber nicht in ihrem Ergebnis. Denn je nach Zielsetzungen und Vorwissen wählt der Leser aus dem Textangebot aus, organisiert um, zieht eigene Schlußfolgerungen. Er benutzt den Text als Anregung oder Anleitung zu einem Konstruktionsprozeß, in den ebenso Vorwissen wie Zielsetzungen eingehen.“[4]

Leseraktivitäten beim Umgang mit Texten

Diese Aktivitäten des Schülers beim Umgang mit dem Lesetext lassen sich voneinander unterscheiden.
Beim ersten Kontakt mit dem Text handelt es sich um ein überfliegendes Lesen, bei dem es dem Schüler lediglich darum geht, einen ersten Eindruck vom Textinhalt zu bekommmen, d.h. im groben zu wissen, worum es inhaltlich geht.
Im zweiten Schritt, dem textverarbeitenden Lesen, ist der Schüler darum bemüht, den Textinhalt genauer zu erfassen, sachliche und/oder sprachliche Informationen zu erschließen und die wesentlichen Aussagen zu erkennen.
Erst bei genauer Kenntnis des Textes wird es dann möglich sein, den Text anderen laut lesend vorzutragen. Dieser letzte Schritt geht damit jedoch über das Lesen im eigentlichen Sinne hinaus und ist eher der mündlichen Ausdrucksfähigkeit zuzuordnen.
Besonders die beiden ersten Stufen können im Laufe der Zeit durch den Einsatz von Lerntechniken zum Leseverstehen unterstützt werden.

2. Die Leseabsicht bestimmt das Leseverfahren

Die Lerntechniken lassen sich den beiden Lesearten „überfliegendes Lesen“ und „textverarbeitendes Lesen“ zuordnen.

überfliegendes Lesen
- Skimming
- Scanning
- Speed Reading

textverarbeitendes Lesen
- Search Reading
- Erschließendes Lesen
- Nachschlagen
- Visualisieren und Strukturieren
- Notizen anfertigen *(note-taking, note-making,* Exzerpieren)

Lerntechniken zum Lesen können dazu beitragen, falsche Leseverfahren abzubauen. Diese falschen Verfahren sind recht verbreitet. Zu ihnen gehört es z.B., den Text während des Lesens mitzusprechen oder vor sich hin zu flüstern. Das hat ein Wort-für-Wort-Lesen zur Folge, durch das die Lesegeschwindigkeit erheblich herabgesetzt wird. Geübte Leser würden stattdessen Wortgruppen mit dem Blick abtasten und auf diese Art den Text rascher erfassen können. Hat sich diese falsche Leseart fest eingeprägt, so weicht der Leser manchmal auch dahin aus, daß er nicht tatsächlich nur mit den Augen und mit den Gedanken den Text aufnimmt, sondern die Worte in Gedanken mitspricht, d.h. subvokalisiert.[5] Hier hilft nur Selbstkontrolle und die Übung bestimmter Lerntechniken. Eine ähnliche Unart, die bei wenig geübten Lesern recht häufig auftritt, ist das Wort-für-Wort-Lesen, das oft durch die begleitende Benutzung des Zeigefingers bzw. eines Bleistiftes verstärkt wird, der im gleichen Tempo wie das Auge Wort für Wort abtastet.

Schließlich setzen nicht nur manche Leser die Hand ein, sondern zeigen auch durch Kopfbewegungen oder anderen Körperbewegungen, wie sie von Zeile zu Zeile und von Absatz zu Absatz vorgehen. Einige Möglichkeiten, diese hemmenden Leseverfahren zu korrigieren und evtl. abzubauen, liegen in der Übung des Schnelleseverfahrens.

Neben solchen lernhemmenden Verfahren gibt es außerdem lernfördernde Verfahren, die in ihrem Namen zwar den Begriff des Lesens enthalten, die von ihrer Funktion her aber doch anderen Teilkompetenzen zuzuordnen sind. Das „Mitlesen" und die *„Read-and-look-up-*Methode" sollen das Auswendiglernen bzw. die mündliche Ausdrucksfähigkeit vorbereiten. Sie werden daher ausführlicher bei den Lerntechniken zum Sprechen behandelt.

Auch das *„proofreading"*, das Korrekturlesen, gibt vor, etwas mit der Lesefertigkeit zu tun zu haben. Dem Lesen wird in dieser Lerntechnik jedoch das Erkennen orthographischer Fehler übergeordnet und wird daher im Zusammenhang mit der Schreibfertigkeit von Schülern angesprochen.

Von den in der Übersicht genannten lernförderlichen Lerntechniken zum Leseverstehen werden einige im Zusammenhang mit anderen Teilkompetenzen behandelt, da sie schwerpunktmäßig eher dort anzusiedeln sind und hier nur der Vollständigkeit halber erwähnt werden.

Das *erschließende Lesen* setzt die gleichen Techniken voraus, die beim Erschließen von unbekannten Wörtern in einem Text angewandt werden. Dazu gehören:

- das Erschließen mit Hilfe der Muttersprache
- das Erschließen mit Hilfe der Zielsprache
- das Erschließen mit Hilfe einer weiteren Fremdsprache
- das Erschließen mit Hilfe internationaler Fremdwörter
- das Erschließen mit Hilfe des Kontextes

(vgl. S. 33ff.)

Das Nachschlagen von sprachlichen und sachlichen Informationen setzt u.a. Fertigkeiten voraus, die auch zur Benutzung des Wörterbuches beherrscht werden müssen. Es wird daher in diesem Zusammenhang behandelt. (S. 41ff.)

Das *Anfertigen von Notizen* ist sicherlich eine wichtige und unterstützende Technik beim Lesen. Da alle Notizen aber schriftlich angefertigt werden müssen, wird dieses Verfahren beim Schreiben behandelt. (S. 117ff.) Gleiches gilt für das Exzerpieren und das Zusammenfassen von Inhalten. So bleiben für den eigentlichen Leseverstehensprozeß folgende Techniken:

überfliegendes Lesen
- Skimming
- Scanning
- Speed Reading

textverarbeitendes Lesen
- Search Reading
- Visualisieren und Strukturieren

Überfliegendes Lesen

- **Skimming: erste Leseeindrücke sammeln**

Nicht immer wird in der Fachliteratur der Begriff des *skimming* von dem des *scanning* getrennt. Tatsächlich haben beide im englischen allgemeinen Sprachgebrauch eine sehr verwandte Bedeutung. Yorkey benutzt der Einfachheit halber den gleichen Terminus für verschiedene Gesichtspunkte und ordnet dem *skimming* zwei verschiedene Funktionen zu:

"There are two purposes of skimming: 1) to locate a specific word, fact or idea quickly and 2) to get a rapid general impression of the material."[6]

Da von der Leseart her die letztgenannte Funktion der ersten in gewissem Maße entgegengesetzt ist, soll im folgenden auch terminologisch eine Unterscheidung getroffen werden.

Skimming wird daher als ein Lesen verstanden, bei dem das Hauptinteresse des Lesers darin liegt, zu erfassen, worum es in dem vorliegenden Text überhaupt geht. Das heißt, es **dient der ersten Orientierung des Lesers**, der zu diesem Zweck verschiedenartige Hinweise nutzt:
- Um welche Art Text handelt es sich? Ist es z.B. ein Küchenrezept, eine Gebrauchsanweisung, ein Brief, eine Zeitungsannonce?
- Was sagen die Überschriften oder andere Signale des Layouts dem Leser?
- Was wird durch die begleitenden Zeichnungen ausgedrückt?
  Ist eine Sachinformation ihr Ziel oder haben sie unterhaltenden Charakter?
- Welche Farben werden benutzt? Sind es z.B. grelle Pop-Farben oder eher getragene Töne?
- Welche Kernbegriffe treten im Text wiederholt auf?

Diese und andere Hinweise werden vom Leser zwar nicht systematisch beobachet, sondern die Eindrücke werden in Bruchteilen von Sekunden wahrgenommen, wobei der Blick von einem Indiz zum nächsten springt, die Eindrücke miteinander vernetzt und der Leser auf diese Weise zu einer Vemutung, einem ersten Eindruck über den Text kommt. Wie genau dieser Eindruck bei dieser Lesetechnik sein kann, läßt sich nicht festsetzen, denn die Grenzen zum intensiven Lesen hin sind relativ dehnbar und auch ein erstes Hineinlesen in den Text kann mit dazugezählt werden.

Schülerarbeitsbuch S. 71

Lies den folgenden Text[7] durch:

The Studio School of English is a full-time, all-the-year-round, School of English, recognised by the British Council. During the summer terms – June to September – it organises intensive, whole-day courses for serious, adult students of English. All its teaching staff are qualified and specialise in English as a Foreign Language. The School is situated in its own grounds and gardens within ten minutes' walking distance of the centre of the city of Cambridge and the principal university colleges. The school is open 0830–1700 every week-day and classes take place from 0915 to 1515.

Handelt es sich in diesem Text um die Beschreibung

☐ einer Grundschule?
☐ einer Sommerschule?
☐ einer Sprachenschule?

- **Scanning: bestimmte Informationen erfassen**

Das *scanning* veranlaßt den Leser, den Text auf einen bestimmten, meist inhaltlichen Gesichtspunkt hin abzusuchen. Dabei gleitet der Blick sehr rasch über den Text, springt vor und zurück, oftmals ohne alles vollständig zu erfassen. Besonders stark ist die Blickrichtung von oben nach unten ausgerichtet, was in der Kombination mit dem schnellen Entlanggleiten der Zeilen zu dem bekannten „Diagonallesen" führt.

Bei der Technik des **scanning** ist der Leser immer darauf aus, einen **bestimmten Gedanken**, ein bestimmtes Wort, auf das er sich konzentriert, **wiederzufinden**.

Alles übrige wird sofort als unbedeutsam übergangen und dementsprechend vom Auge zwar noch wahrgenommen, aber verständnismäßig nicht verarbeitet, geschweige denn erinnert. Das ganzheitliche Schriftbild ist bei dieser Leseart eine brauchbare Hilfe. Handelt es sich zum Beispiel bei dem gesuchten Aspekt um eine Information über Rosen, so wird man im Text mit dem Blick jeweils an solchen Wörtern hängenbleiben, die ein ähnliches Schriftbild und eine ähnliche Buchstabenkonstellation haben, wie *rose*, also z.B. *nose*. Für dieses Erkennen sind insbesondere die Oberlängen der Buchstaben von Bedeutung, wie es Zielke in einem Beispiel verdeutlicht:[8]

Schülerarbeitsbuch S. 76f.

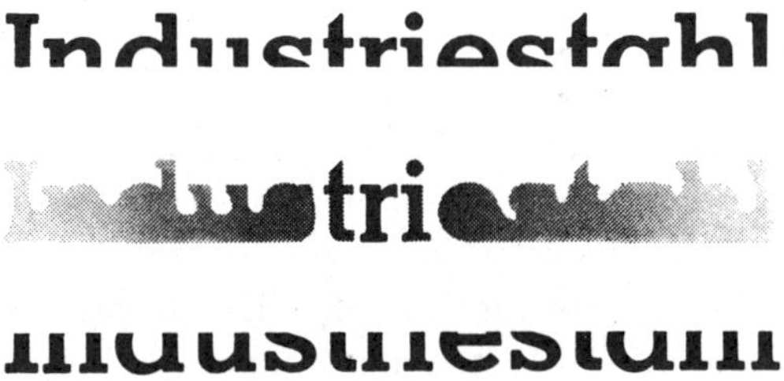

Lies den folgenden Wetterbericht rasch durch und finde heraus, was er über das Wetter in Schottland aussagt.

1. Weather Report

A cold front will be moving eastwards over Britain during the night. Tomorrow, most places will have sunshine at first, but Scotland will then have showers, with snow possible on high ground. Many central and western areas of England will become cloudly with rain in places later.[9]

Übungshinweise

Dem **skimming** und dem **scanning** ist gemeinsam, daß es sich um ein rasches Lesen handelt, das sich nicht viel Zeit gönnt und bei dem ein großer Teil des Textes nicht erfaßt wird. Daher ist es wichtig zu überlegen, **wann** das überfliegende Lesen eingesetzt werden sollte. Seine Hauptfunktion liegt in der ersten Orientierung, im Entwickeln eines ersten Eindrukkes, im Wecken des eigenen Interesses an dem Text. Es kann daher eine vorbereitende Aufgabe für das intensive Lesen übernehmen, das anschließend geschehen kann. Genaues Textverständnis, die Interpretation des Textes, seine Analyse usw. können weder durch *skimming* noch durch *scanning* erreicht werden.

Der Auftrag an die Schüler, einen Text sinnerschließend durchzulesen, wird oft fälschlicherweise und aus zeitökonomischen Gründen durch überfliegendes Lesen erfüllt. Ergebnis ist aber, daß man als Schüler glaubt, sein Gewissen beruhigen zu können, denn man hat den Text ja gelesen. Es zeigt sich jedoch bei der nächsten Gelegenheit, daß man den Inhalt kaum verstanden und behalten hat.

Es ist daher notwendig, den Schülern diese verschiedenen Lesearten klar zu machen und ihre jeweilige Funktion zu verdeutlichen. Da die Schüler aber – besonders in den ersten Jahren des Fremdsprachenunterrichts – stark an jedem einzelnen Wort hängen und eher dazu geneigt sind, den Text Wort für Wort zu lesen, ist es nicht ganz einfach, mit ihnen überfliegendes Lesen zu üben. Die Aufforderung alleine reicht nicht aus. Sie wäre auch für den Schüler nur sehr schwer zu verstehen, solange er nicht selber einmal erfahren hat, was gemeint ist.

Eine große Hilfe beim Üben dieser Lesetechniken ist die Einbeziehung des Zeitfaktors. Leseaufgaben mit zeitlichen Vorgaben, aber auch die zu bewältigende Menge des Lesestoffes sowie die Textanordnungen können dazu beitragen, daß die Schüler schrittweise an ein rasches Lesen herangeführt werden.

„Diese Lesegeschwindigkeit gilt es bei der Ausweitung der Fähigkeit extensiven Lesens zunächst einmal zu erhöhen. Die Schüler müssen lernen,

(a) das vorantastende Wort-für-Wort-Lesen zu überwinden
(b) eine Abfolge von Wörtern zu überfliegen
(c) diese zu segmentieren, d.h.
(d) Sinneinheiten zu schaffen und als solche ganzheitlich zu erfassen
(e) einzelne unbekannte Begriffe aus dem Kontext zu erschließen
(f) *key-words* zu finden und sie als solche für das Er- bzw. Aufschließen der Textaussage zu verwenden, etc.“[10]

Eine besondere Rolle können in diesem Zusammenhang Aufgaben übernehmen, die von Schnelleseverfahren, dem *speed reading*, herrühren.

• Speed Reading: Schnellesemethode

Mit dem Stichwort *speed reading* ist hier nicht gemeint, daß den Schülern im Unterricht eine Schnellesemethode vermittelt werden soll. Es geht eher darum, mit Hilfe einiger Gesichtspunkte aus Schnellesemethoden die Lesehaltung der Schüler zu verändern. Da Schüler häufig das Bestreben haben, jedes einzelne Wort zu erfassen und zu verstehen, sind Übungen notwendig, die ihnen deutlich machen, daß ein

Text auch verstanden werden kann, wenn ein großer Teil der Wörter nicht erkannt wird. Außerdem sollen sie erfahren, wie beim schnellen Lesen der Blick den Text abtastet und sollen dabei den Unterschied zum intensiven Lesen begreifen.
Dazu ist die Darstellung Yorkeys[11] hilfreich, der die verschiedenen Lesearten in bezug auf die unterschiedliche Geschwindigkeit verdeutlichen möchte. Er weist darauf hin, daß die Lesegeschwindigkeit bestimmt wird durch die Anzahl der Wörter, die man mit einem Blick erfassen kann.

Slow Reader:

[Being] [able] [to read] [by phrases] instead of by single words results from practice.

Average Reader:

[Being able] [to read by phrases] instead of by single words results from practice.

Fast Reader:

[Being able to read by phrases] instead of by single words results from practice.

Die Lesegeschwindigkeit, die bei fremdsprachlichen Texten ohnehin extrem langsam ist, hängt außerdem vom Ziel des Lesens und vom Umfang der Informationen ab, die man erhalten möchte. Schnelles Lesen ist also nicht dienlich, wenn man sich einen Text einprägen oder ihn intensiv verarbeiten will.[12] Damit ist *speed reading* eine Technik, die das *skimming* und das *scanning* unterstützt.

Schülerarbeitsbuch S. 80ff.

Intensives Lesen

• **Search Reading: intensives Sinnerfassen**

Das intensive Lesen eines Textes ist ein verarbeitendes Lesen, bei dem es um ein genaues Verständnis einzelner Wörter und Fakten, des gesamten Zusammenhangs, der Textstruktur usw. geht. Diesem textverarbeitenden Lesen kann das überfliegende Lesen vorgeschaltet sein, mit dem Zweck, sich zunächst einen Überblick zu schaffen. Dabei werden Erwartungen des Lesers geweckt, die das sich anschließende intensive Lesen beeinflussen können.
Um einen Text intensiv zu verstehen und detailliert zu erfassen, bieten sich **zwei Methoden** an, die beide miteinander verwandt sind:

Die SQ3R-Methode[13] oder *5-Schritt-Methode*

Sie erhielt ihren Namen aufgrund folgender Abkürzungen:
Survey – **Q**uestion – **R**ead – **R**ecite – **R**eview
Die 5 Begriffe stellen die einzelnen Schritte dar, die zum genaueren Erfassen eines Textes hilfreich sein können:

Survey: Hier soll der Leser sich einen Überblick beschaffen, indem er Titel, Untertitel, Inhalt usw. überfliegt.

Question: Ehe der Text gelesen wird, soll sich der Leser überlegen, welche Informationen er dem Text entnehmen zu können hofft.

Read: Dem Lesen soll vollste Aufmerksamkeit geschenkt werden, wobei entsprechend der Zielsetzung, dem Schwierigkeitsgrad und der gewünschten Behaltensrate die Lesegeschwindigkeit gesteuert werden muß.

Recite: In diesem Schritt soll der Leser versuchen, sich an das Gelesene zu erinnern.

Review: Der letzte Schritt soll ihn veranlassen, das Gelesene nochmals zu wiederholen.

Das MURDER-Schema[14]
Ähnlich wie die SQ3R-Methode erhält das MURDER-Schema seinen Namen durch bestimmte Schlüsselwörter, die ihrerseits bereits für sich sprechen.
Set **M**ood to Study – Read for **U**nderstanding – **R**ecall the Material – **D**igest the Material – **E**xpand Knowledge – **R**eview Effectiveness of Studying

Set **M**ood to Study
Der Leser stellt sich innerlich darauf ein, in den nächsten Minuten einen Text zu lesen. Nur wenn seine innere Bereitschaft dazu da ist, wird ein konzentriertes und intensives Lesen möglich sein.

Read for **U**nderstanding
Der Text wird auf seinen Inhalt hin gelesen. Dabei unterstreicht der Leser die wichtigsten Gedanken.

Recall the Material
Der Leser legt sich selber Rechenschaft über das Gelesene ab, umschreibt gedanklich das Wichtigste und überprüft dabei, in welchem Umfang er den Text verstanden hat.

Digest the Material
In diesem Schritt greift der Leser aus dem Text das Wichtigste heraus und verbindet es mit seinem Vorwissen.

Expand Knowledge
Durch kritische Selbstkontrolle findet der Leser die unverstandenen bzw. schwierigen Stellen heraus und ergänzt sein Wissen ggf. durch Nachschlagen und Nachfragen.

Review Effectiveness of Studying
Abschließend legt sich der Leser Rechenschaft darüber ab, ob sein Lesen effektiv war, oder ob er den Text ein zweites Mal lesen sollte.

Die SQ3R-Methode und das Murder-Schema können je nach Bedarf auch miteinander kombiniert werden. In jedem Fall stellen sie die Schritte dar, die ein Leser im intensiven Leseprozeß durchläuft. Sie sind jedoch den meisten Schülern nicht bekannt. Daher stellt sich für den Lehrer die Aufgabe, den Schülern die einzelnen Phasen des Leseprozesses zu erläutern und ihnen ihr eigenes Leseverhalten bewußt zu machen.

Schülerarbeitsbuch S. 91f.

- **Visualisieren und Strukturieren**

Visualisierungs- und Strukturierungstechniken sind für das textverarbeitende Lesen wichtig und hilfreich. Ziel dieser Techniken ist es, wesentliche Textstellen, d.h. solche, die das Wichtigste des Inhaltes ausdrücken oder – je nach Leseintention – einen bestimmten Gesichtspunkt ansprechen, zu erkennen und zu kennzeichnen. Diese Markierungen dienen ihrerseits dazu, daß sich der Leser in einem der nächsten Schritte schriftlich oder mündlich zum Text äußert oder beim wiederholten Lesen des Textes dessen Aussage rasch erneut erfassen zu können.

Übungshinweise
Das Erkennen des Wesentlichen eines Textes ist von den Schülern nicht ohne weiteres leistbar und bedarf der Übung. Der Lehrer muß sie systematisch dazu anleiten und ihnen schrittweise geeignete Verfahren vermitteln. Dazu könnte er seinen Schülern z.B. folgende Aufgaben stellen:

- Einen bekannten und im Text mehrfach auftretenden **Begriff aufsuchen** und **kennzeichnen**.
  Dabei sind solche Markierungen zu benutzen, wie sie z.B. im folgenden dargestellt sind und diejenigen auszuschließen, die von Schülern fälschlicherweise angewandt werden. (z.B. das Einklammern des Wichtigsten)
- Einen bestimmten **Gesichtspunkt markieren**, der im Text durch verschiedene Begriffe ausgedrückt werden kann.
- **Den Hauptgedanken** aus einem Text herausfinden, der maximal eine Satzlänge umfaßt.
- **Die Hauptgedanken** herausfinden, die verschiedene Gesichtspunkte des Themas darstellen und die an mehreren Textstellen zu finden sind.

Zur **optischen Strukturierung** eines Textes und zum Markieren wesentlicher Textstellen gibt es folgende Verfahren:

graphische Möglichkeiten
Sie können im Unterstreichen (gestrichelte, geschlängelte oder durchgezogene Linie), im Einkästeln, im *highlighting* oder in einer Kombination dieser Verfahren bestehen. Hinzu kommt der Einsatz verschiedener Farben sowie die Kenntnis und praktische Anwendung verschiedener Symbole: der Pfeil in verschiedenen Richtungen, z.B. um einen Textzusammenhang zu kennzeichnen oder mehrere Pfeile, um einzelne präzise Aussagen zu markieren. Im letzteren Fall können ebensogut Punkte benutzt werden, aber auch Zahlen oder Buchstaben. Daß dies – zumindest während der Übung dieser Verfahren – mit Lineal und säuberlich zu geschehen hat, um die Übersichtlichkeit zu bewahren, ist nicht allen Schülern von vornherein selbstverständlich. Deshalb sollte diese Technik recht oft geübt werden. Dabei haben Schüler die Aufgabe, das Wesentliche des Textes herauszufinden. Zu Beginn werden sie sehr oft versucht sein, recht viel zu markieren. Daher sollten sie angehalten werden, sowenig wie möglich anzustreichen. Das bedeutet, daß sie durch Quantifizierung zur qualitativen Auswahl geführt werden. Zur Übung dieser Technik, die bereits ab Orientierungsstufe eingesetzt werden kann, sind für die Vermittlung folgende Schritte zu empfehlen.

Übungshinweise
- Die Schüler lesen einen Text(abschnitt) und kennzeichnen dabei das Wesentliche.

- Der gleiche Text wird auf ein Arbeitstransparent gebracht (möglichst im gleichen Druckbild) und gemeinsam mit den Schülern über die Markierungsmöglichkeiten gesprochen. Die ausgewählten Kennzeichnungen werden vom Lehrer eingetragen.
- Die Schüler lesen einen zweiten Text(abschnitt) und markieren ihn.
- Auf einem Arbeitstransparent legt der Lehrer seine Lösung vor, die mit denen der Schüler verglichen und besprochen wird.
- Als Hausaufgabe bietet sich dieses Verfahren für einen 3. Text(abschnitt) an.

Sicherlich ist jedem Lehrer deutlich, daß eine einmalige Einführung nicht ausreicht, sondern daß von Zeit zu Zeit eine Wiederholung nötig ist. Auch, wenn man eine neue Klasse übernimmt, ist es immer wichtig, die Sicherheit der Schüler in diesen Verfahren zu überprüfen. Gegebenenfalls sind neue Absprachen notwendig, auch Absprachen über Übungsformen zu bestimmten Lerntechniken.

verbale Verfahren

Neben den genannten graphischen Möglichkeiten gibt es verbale Mittel, einen Text zu strukturieren. Dazu zählen Stichworte und Abkürzungen, die als Marginalien an den Textrand geschrieben werden. Auch Überschriften, die zu einzelnen Textabschnitten gefunden werden, können eingetragen werden. Aus praktischen Gründen, da der Rand meist zu schmal ist, kann man sie in den Text vor den jeweiligen Abschnitt setzen. Auch hierbei ist oberstes Prinzip: so knapp wie möglich und so sauber wie möglich.

Schülerarbeitsbuch S. 86f.

Lies bitte den folgenden Leserbrief durch und trage Deine Anmerkungen bzw. Markierungen ein.

Is there no job for an honest man?

SIR – How I feel for the many thousands of unfortunate people who find themselves unemployed, especially if they have received the same response from prospective employers as my husband has received.

Towards the end of last year through illness, my husband found himself unemployed. He resigned voluntarily in fairness to his workmates. In response to various advertisements in the local press, he has applied by letter for 56 vacancies. This is in addition to dozens of applications via the telephone. He has received 15 letters in reply, four of which gave him the privilege of an interview. Of these four, they all said "I'll let you know in 24 hours." He heard no more. Don't these people realise how much time, expense, and heartbreak are put into these applications? Don't they feel that the applications at least deserve the courtesy of a reply?

What position is he seeking? Anything that will pay him around £35 for unskilled labour. He has tried for gardener, van-driver, shop-assistant, caretaker, etc., etc. Does no one want a hard-working, honest and clean-living 35-year-old unemployed man?

P. L. C., Hove

3. „Lesetrainierte“ Schüler – ein Lernziel

Selbständig lernende Schüler, die ihre Lesefertigkeit trainieren, kennen die verschiedenen Lesearten und die mit ihnen verbundenen Einzelschritte im Leseprozeß sowie die damit verbundenen Lerntechniken zum Lesen. Lehrer helfen ihnen dabei, die eigene Zielsetzung zu bestimmen und die richtigen Verfahren zu wählen.

Will eine Schülerin einen Text möglichst rasch und nur überblicksartig zur Kenntnis nehmen, benutzt sie Techniken des überfliegenden Lesens, z.B. *skimming, scanning* oder Elemente des *speed reading*.

Geht es dagegen um bestimmte Detailinformationen oder genaue Textkenntnisse, dann werden die Verfahren des textverarbeitenden Lesens angewendet. Dazu gehören z.B. die SQ3R-Methode, das MURDER-Schema wie auch Visualisierungs- und Strukturierungstechniken.

Diese Kenntnisse können sich Schüler im Rahmen der Sekundarstufe I nur bedingt selbständig aneignen. Sie benötigen dazu Hilfestellungen durch den Lehrer, kontinuierliches Üben im Unterricht, aber auch zu Hause.

„Lesetrainierte“ Schüler sind selbständig lernende Schüler – ein Lernziel, das jeder Fremdsprachenlehrer ernstnehmen sollte.

Sprechfertigkeit

„Vielleicht hilft das . . “
Aus: Börsenblatt für den Deutschen Buchhandel[1]

Lerntechniken im Überblick

Reproduktion verlangt Auswendiglernen

Rekonstruktion fordert Gedächtnisunterstützung

Konstruktion heißt Gedanken strukturieren können

1. Sprechanlässe und Sprachbeherrschung im Unterrichtsalltag

Analog zur schriftlichen Ausdrucksfähigkeit lassen sich die außerschulischen Anlässe zur mündlichen Ausdrucksfähigkeit trennen in **praktisches Sprechen** und in **kreatives Sprechen**. Zum ersteren zählt u.a. das Sprechen in Alltagssituationen, zum sozialen Kontakt, zur Information.
Zum kreativen Sprechen gehören Referate, Vorträge, Berichte u.ä.
Neben diesen beiden Arten gibt es im schulischen Lernen zusätzlich noch das **Sprechen um seiner selbst willen**, d.h. zur Übung der Sprechfertigkeit.
Da sich der Fremdsprachenunterricht bei der Entwicklung der Teilkompetenzen an der Realität der gesprochenen Sprache orientiert, werden die beiden erstgenannten Gruppen von Sprechanlässen in den Unterricht integriert. Da sie aber eine unterschiedliche Sprachbeherrschung erfordern, treten sie in unterschiedlichen Stufen des Spracherwerbs auf. Das Sprechen läßt sich nach Rivers[2] in 4 Stufen untergliedern:

- *identification*
- *imitative production*
- *guided non-imitative production*
- *autonomous production*

Da die Lautdiskrimination *(identification)* besonders für die Aussprache von Bedeutung ist und diese gesondert behandelt wird, soll im folgenden auf die drei übrigen Stufen Bezug genommen werden und dabei die Rohrer'schen Begriffe[3] von
- Reproduktion
- Rekonstruktion
- Konstruktion

zugrunde gelegt werden.

Während durch den Vergleich des Sprechens mit dem Schreiben bisher Ähnlichkeiten deutlich wurden, soll nun auf einen für den Lernenden erheblichen Unterschied hingewiesen werden.
Die mündliche Ausdrucksfähigkeit erfordert vom Schüler eine hohe geistige und verbale Flexibilität, die durch die Sprechgeschwindigkeit hervorgerufen wird. Während er beim Schreiben eines Textes zu dessen Formulierung mehr Zeit zur Verfügung hat, ggf. ein Nachschlagewerk zu Rate ziehen oder seine Aussage mit Ruhe strukturieren kann, ist dies beim Sprechen meist nur eingeschränkt und oft gar nicht möglich. In der Gesprächssituation gilt es, möglichst direkt auf die Aussagen des Gesprächspartners zu reagieren. Dazu müssen die notwendigen Sprachmittel aktiviert, das geeignete sprachliche Register getroffen und die Strukturierung der Aussagen vorgenommen werden.
Diesen Anforderungen wird jedoch nur ein fortgeschrittener Schüler entsprechen können. Für den Anfänger ist es wichtig, zu wissen, wie er sich
- die notwendigen Sprachmittel aneignet,
- welche Strategien er benutzen kann, falls er diese Sprachmittel nicht parat hat,
- mit welchen Verfahren er seine Aussage strukturieren kann.

2. Techniken, die das Sprechen auf verschiedenen Fertigkeitsstufen vorbereiten

Lerntechniken, die die mündliche Ausdrucksfähigkeit vorbereiten und ihre Entwicklung unterstützen, sind die folgenden:

Reproduktion
- *Read-and-look-up*-Methode
- *Backward buildup technique*
- Nachsprechen / Vorsprechen
- Mitsprechen
- Stiller Monolog
- Lautes-Vor-Sich-Hin-Sprechen
- Lokalisierungsmethode

Rekonstruktion
- Visualisierungstechniken
- Antizipierendes Lesen
- *Note-Taking Practice*

Konstruktion
- *Outlining*
- Umschreibungstechniken
- *Note-Making Practice*

Auf der ersten Stufe, der **Reproduktion**, geht es darum, eine gehörte oder gelesene Information fast wörtlich wiederzugeben, und zwar mit identischer Fomulierung. Inhalt und sprachliche Form werden in dieser Phase des Spracherwerbs nicht verändert. Die Lerntechniken, die das *auswendige Sprechen* unterstützen, werden besonders in der Orientierungsstufe angewandt.

Die **Rekonstruktion** ist die Stufe, auf der der Inhalt eines Textes zwar möglichst genau wiedergegeben werden soll, dabei jedoch das Augenmerk auf den wichtigsten Aussagen liegt. Die sprachliche Form der Wiedergabe kann sich von der Vorlage entfernen und der Schüler ist freier in der *Wahl des Ausdrucks*. Lerntechniken, die das Behalten der hauptsächlichsten Textaussagen unterstützen, sind dabei hilfreich.

Ehe der Schüler in der Lage ist, frei zu sprechen, benötigt er auf dieser Stufe zahlreiche Anlässe und Situationen, die ihn zum Sprechen bringen und in denen er seine Sprachfertigkeit gezielt üben kann. Hierbei helfen ihm jedoch Lerntechniken nicht weiter. Er benötigt an dieser Stelle die Unterstützung durch den Lehrer oder zumindest durch ein Schul- bzw. Übungsbuch. Auf der dritten Stufe im Fertigkeitsgrad der mündlichen Ausdrucksfähigkeit, der **Konstruktion**, bedient sich der Schüler nur selten bestimmter Vorlagen, sondern schöpft in Inhalt und sprachlicher Form frei aus vorhandenen Kompetenzen. Als neue Schwierigkeit kommt hier – wie auch in Ansätzen schon auf der zweiten Stufe – das Problem der *selbständigen Strukturierung der Aussageintentionen* hinzu, insbesondere, wenn diese lang ist. Damit ist die Systematisierung dessen gemeint, was als noch nicht verbalisiertes Konzept, als Gedanke, vorhanden ist. Das heißt, der Gedanke muß vom Schüler in eine sprachliche Form gebracht und strukturiert werden, so daß sie vom Hörer auch verstanden werden kann.

Das Sprechen auf dieser Stufe ist die freie, selbständige Anwendung, kein Spracherwerb; „Lern"-techniken sind nicht mehr notwendig. Was jedoch weiterhin benötigt wird, sind Techniken zur Speicherung und

Strukturierung, die der Unterstützung der intendierten Aussage dienen sollen.

Reproduktion verlangt Auswendiglernen

Das **Auswendiglernen** hat besonders in der Sprachaufnahmephase seine Bedeutung. Es bringt den Schüler dazu, Sprachmuster zu speichern und sie zur gegebenen Zeit wieder abzurufen. Ein häufiges Wiederholen eines Musters und seine Verknüpfung mit bereits Gelerntem führen dazu, daß es ins Langzeitgedächtnis gelangt und „gelernt" worden ist. Auswendiglernen bereitet also das Feld vor, es liefert dem Gedächtnis Wissensstoffe und Informationen, die später wieder reaktiviert werden können.
Während in der natürlichen Umwelt das Behalten ein automatisches Nebenprodukt unseres Verstehens, Erlebens und Handelns ist, ist das Lernen-Müssen in der Schule, das Sich-Absichtlich-Etwas-Einprägen-Wollen, eine künstliche Situation.[4] Rohrer stellt fest, daß der Schulanfänger keine Taktiken entwickelt hat, um sich etwas einzuprägen. „Es zeigt sich aber auch, daß solche jungen Kinder ohne große Schwierigkeiten dazu angeleitet werden, diese Technik anzuwenden und dann natürlich auch entsprechend bessere Behaltensleistungen erzielen."[5] Das bedeutet, daß ihnen geeignete Techniken vermittelt werden können und daß sie angehalten werden müssen, sie anzuwenden.
Auswendiggelernt werden müssen in der Sprachaufnahmephase, d.h. im Anfangsunterricht: narrative und dialogische Texte, Gedichte und Lieder, Vokabeln, Wendungen, Satzmuster usw.

Von den genannten Textsorten fällt es am leichtesten, Gedichte und Liedtexte auswendigzulernen, da hier mehrere mnemotechnische Hilfen gleichzeitig auftreten: die Verslänge, der Reim, der Rhythmus und eventuell die begleitende Musik unterstützen das Gedächtnis in hohem Maße, so daß auf diese Art auswendig gelernte Inhalte auch lange behalten werden können. Hinzu kommt, daß bei Lied und Gedicht auch der Inhalt eine weitere wichtige Gedächtnisstütze darstellt.
Beim Auswendiglernen von nicht gebundenen Texten ist es ausschließlich der Inhalt, der das Behalten steuert. Strukturierungshilfen, wie z.B. Unterstreichungen, Überschriften, Einkreisen von Schlüsselwörtern u.a.m. lassen besonders bei visuellen Lernertypen das Schriftbild vor ihrem geistigen Auge entstehen. Oft können sie sich dann später noch erinnern, daß z.B. ein bestimmter Abschnitt zweimal durch Überschriften gegliedert und am Rand mit einem großen Pfeil versehen war.
Das Auswendiglernen von Kollokationen und von manchen Grammatikregeln hebt sich von diesem sinnbetonten Auswendiglernen ab, da sie keine logische Stütze für den Schüler bereithalten: Die Verbindung von „I am" kann somit nicht erschlossen, sondern muß eingedrillt werden, genauso wie eine Grammatikregel zum *s* der 3. Person Singular. Geht es dagegen um das Semantisieren von englischen Vokabeln, kommt wieder die Bedeutung, der Inhalt, ins Spiel und damit neue Möglichkeiten, das Behalten zu fördern.
Die folgenden Lerntechniken können das Behalten erleichtern:

- **Read-and-look-up**

Die *Read-and-look-up-Methode* dient dazu, sich einen Text einzuprägen. Dies wird zunächst still vollzogen. Dabei liegt der zu lernende Text dem Schüler schriftlich vor und er versucht, bei nur sehr kurzem Hinschauen kleine Abschnitte ganzheitlich zu erfassen und dann „auswendig" wiederzugeben. Mehrmaliges Wiederholen dieser Technik an einem Text führt zur Reproduktion des Gelernten. Günstige Voraussetzung für diese Methode ist ein Text, dessen Zeilenlänge nicht allzu breit ist (Zeitungsspalten), damit auf einen Blick möglichst viel erfaßt werden kann. Besonders stark werden visuelle Lerner durch diese Methode angesprochen.

Schülerarbeitsbuch S. 95

A Few Problems

Sunday, 23rd August

We woke up late this morning – at 10 o'clock! Nick and I were very tired. Our arms and shoulders hurt and our hands were red from the paddles.

A Few Problems

Sunday, 23rd August

We woke up late this morning – at 10 o'clock! Nick and I were very tired. Our arms and shoulders hurt and our hands were red from the paddles.

A Few Problems

Sunday, 23rd August

We woke up late this morning – at 10 o'clock! Nick and I were very tired. Our arms and shoulders hurt and our hands were red from the paddles.

A Few Problems

Sunday, 23rd August

We woke up late this morning – at 10 o'clock! Nick and I were very tired. Our arms and shoulders hurt and our hands were red from the paddles.

• backward buildup technique

Als Alternative zur Read-and-look-up-Methode bietet sich die *backward buildup technique* an. Auch sie hilft beim wörtlichen Auswendiglernen. Dabei wird ein Satz in Segmente eingeteilt und vom Ende her gelernt. Rivers schlägt für den Beispielsatz *„There's a nice little restaurant down by the station."*[6] folgende Schritte vor:

down by the station.
a nice little restaurant down by the station.
There's a nice little restaurant
down by the station.

Die einzelnen Segmente können dabei vom Schüler so eingeteilt werden, daß ihre Länge seiner sprachlichen Kompetenz entspricht. Schülerarbeitsbuch S. 97f.

• Nachsprechen / Vorsprechen

Diejenigen Schüler, die sich einen Text besonders nach akustischen Vorlagen einprägen können, sollten statt der ersten beiden Vorschläge die Technik des *Nachsprechens* benutzen. Es geschieht entweder in Partnerarbeit mit einem zweiten Sprecher, dem Vorsprecher oder mit dem Kassettenrekorder. Je nach der erreichten Stufe des Behaltens und der Sprechfertigkeit geschieht das Nachsprechen satzweise oder in kleinen Abschnitten. Erinnerungsstützen beim Nachsprechen können sowohl mnemotechnische Gesichtspunkte sein, z.B. der Rhythmus, wie auch inhaltliche. „Der Schüler soll also das Nachsprechen so lange üben und wiederholen, bis er mühelos das (bei Nachrichten nicht allzu hohe) Redetempo des Originalsprechers erreicht."[7]

Hat er sich den Text auf diese Weise eingeprägt, kann er versuchen, ihn durch die Technik des *Vorsprechens* vor dem Sprecher des Tonbandes zu sagen und daraufhin erst mit dem Original zu vergleichen.

Schülerarbeitsbuch S. 98

• Mitsprechen

Wenn der Schüler einen Text bereits auf eine der beschriebenen Arten auswendig gelernt hat, ist es sinnvoll, ihn nach einiger Zeit zu wiederholen. Dazu eignet sich die Technik des *Mitsprechens*, bei der sich der Schüler an ein vom Tonband oder von einem gegenwärtigen Sprecher gesprochenen Text anlehnt. Mit der Verschiebung um einen Bruchteil einer Sekunde spricht der Schüler diesen Text mit bzw. er spricht ihn nach und kann so diejenigen Stellen leichter überbrücken, an denen es noch hakt oder er steckenbleibt. Der Prozeß läuft wie in folgendem Beispiel ab:

When working with tapes on their own
(Vorsprecher/Tonband)
When working with tapes on their own
(Schüler)
students have difficulty in detecting their
(Vorsprecher/Tonband)
students have difficulty in detecting their
(Schüler)
errors of pronunciation.
(Vorsprecher/Tonband)
errors of pronunciation.
(Schüler)

Schülerarbeitsbuch S. 99

• Stiller Monolog

Mit dem *stillen Monolog* ist das stille Wiederholen eines auswendiggelernten Textes oder einer Textstelle gemeint zum Zwecke

Sprechfertigkeit

des noch sichereren Einprägens. Auch diese Technik ist damit besonders zum Wiederholen geeignet.
Thurner stellt fest, daß stille Monologe, also Wiederholungen mit der Absicht, sich einen Merkstoff einzuprägen, Behaltensvorteile zeigen.[8] Er erklärt es damit, daß die zu behaltenden Inhalte mehrmals in den Kurzzeitspeicher eingebracht werden und so eine größere Chance erhalten, auch in das Langzeitgedächtnis weitergeleitet zu werden. Er weist darauf hin, daß Kinder in den ersten Schuljahren diese Technik zwar nicht spontan anwenden, dies jedoch ohne Schwierigkeiten tun, wenn sie dazu angeleitet und wiederholt angehalten werden.[9]
Da beim stillen Monolog der Text dem Schüler nicht vorliegt, ist sein Inhalt die einzige Unterstützung für das Behalten. Nimmt man jedoch die Textvorlage hinzu, dann ist der stille Monolog identisch mit der *Read-and-look-up*-Methode.

Übungshinweise
Damit Schüler diese Technik verstehen, sollte sie der Lehrer/die Lehrerin im Unterricht zunächst erläutern und dann an einem Beispiel, z.B. an einem Schulbuchtext demonstrieren.

1. den Text halblaut vor sich hin lesen,
2. nach Schließen des Buches darstellen, wie man versucht, den Text zu reproduzieren. Dies tut der Lehrer halblaut, um anzudeuten, daß es eigentlich nur stilles Wiederholen ist. Durch Mimik und Gestik drückt er aus, daß er sich sehr konzentriert. Dabei zeigt er auch, daß man dabei steckenbleiben kann, dann den letzten Teil nochmals spricht und so evtl. die Fortsetzung findet.
3. Im letzten Schritt trägt er den Text auswendig und laut vor, um zu zeigen, daß der Lernprozeß damit abgeschlossen ist.
4. Zur Übung für die Schüler verteilt er einen kurzen, leicht zu lernenden Text, der dann in der Klasse unter der Aufsicht des Lehrers von jedem einzelnen auswendig gelernt wird. Anschließend werden die Erfahrungen beim Auswendiglernen in einem Gespräch in der Klasse ausgetauscht.

Für alle Schüler und Lernertypen wird der stille Monolog nicht ausreichen. Manche werden den Drang haben, diesen stillen Monolog zu aktualisieren, besonders dann, wennn sie Konzentrationshilfen benötigen.

Schülerarbeitsbuch S. 100

- **Lautes Vor-sich-hin-Sprechen**

Das *laute Vor-sich-hin-Sprechen*, auch als aktives Verbalisieren bezeichnet[10], wird von Gage/Berliner als eine Möglichkeit zur Eigenaktivität des Schülers genannt, durch die der Lehrstoff erst zum Gelernten wird. Diese Technik ist insofern hilfreich, als
– solche Aussagen besser verarbeitet werden, die man selber einmal formuliert und ausgesprochen hat, als solche, die man sich lediglich überlegt hat;
– durch die eigene Stimme die Kontrolle dafür da ist, daß man sich auch wirklich kontinuierlich auf den Text konzentriert. Gerade bei anstrengenden Aufgaben, wie dem Auswendiglernen, kommt es leicht vor, daß die Gedanken abschweifen und man an etwas anderes denkt.

- da das Auswendiglernen eines Textes meist die Funktion hat, hinterher jemandem diesen Text laut vorzutragen, wird durch Lautes-vor-sich-hinsprechen auch das Klangbild gefestigt.
- besonders für Lernertypen, die auf das Akustische Wert legen, ist hier die Möglichkeit des mehrkanaligen Lernens geboten. Daher kann diese Lerntechnik auch mit der Read-and-look-up-Methode kombiniert werden.

- **Lokalisierungsmethode**

Eine weitere Möglichkeit, das Einprägen von Texten zu unterstützen, ist die *Lokalisierungsmethode*. Nach Gage/Berliner kann mit ihrer Hilfe die herkömmliche Gedächtnisleistung bis zum siebenfachen gesteigert werden.[11] Die Lokalisierungsmethode besteht darin, die räumliche Anordnung von Elementen des Lernmaterials als Gedächtnisstütze zu benutzen. Ein engzeilig und vollgeschriebenes DIN A 4-Blatt im Vergleich mit einem Arbeitsblatt, dessen Text strukturiert ist und der in bestimmten Anordnungen dargestellt wird, dessen Elemente evtl. sogar in ungewöhnlichen Zusammenstellungen auftreten, in einem solchen Vergleich wird deutlich, daß eine vom Optischen her undifferenzierte Textmenge Lernschwierigkeiten steigert, während eine Strukturierung das Lernen erleichtert.

Der Begriff der Lokalisierungsmethode läßt sich – abgesehen von der Präsentation des Lernmaterials – auch anwenden auf den Lernort. So kann es z.B. geschehen, daß ein Schüler einen Text zu Hause gelernt hat, ihn aber nicht mehr vortragen kann, wenn er es kurz darauf in der Schule tun möchte. Er stellt fest, daß er nicht alles behalten hat, obwohl er den Text vorher konnte. Ginge der Schüler dann wieder an seinen Schreibtisch zurück, ist es wahrscheinlich, daß der Text ihm wieder einfiele. Er würde sich an den Text erinnern, weil die Gesamtsituation, in der er ihn gelernt hat, wieder vorhanden ist. Denn nach Vester ist die Erinnerung nicht allein mit dem zu Lernenden verknüpft, sondern mit allen anderen Informationen, die über das Auge, das Ohr, den Geruchssinn usw. während des Lernens aufgenommen werden.[12]

„Wenn wir zum Beispiel Englischwörter pauken, dann gehört zu der Gesamtinformation eben auch die Musik, die wir gerade dabei hören, der Kaffeeduft aus der Küche, die quietschenden Räder der Autos auf der Straße und vielleicht, daß wir Kaugummi dabei kauen."[13]

Alle diese Eindrücke stellen unterschwellige Assoziationen dar, die mit der Lernumwelt verknüpft sind. „Diese Verknüpfung ist *dann* für das Lernen vorteilhaft, wenn der neue Lerninhalt mit vertrauten, angenehmen Begleitinformationen verbunden ist."[14]

Wenn man davon ausgeht, daß für viele Schüler die Schulatmosphäre mit Angst und Druck belegt ist, wird einsichtig, daß für sie intensives Lernen leichter zu Hause in vertrauter Umgebung geschieht.

Schülerarbeitsbuch S. 100

Nach der Beschreibung der verschiedenen Lerntechniken zum Auswendiglernen, sei abschließend noch auf einen Grundsatz hingewiesen, der für alle von Bedeutung ist, nämlich auf die *Wiederholung*. Dabei prägt man sich bereits Bekanntes noch einmal ein. Selbst wenn dieses Verfahren für Schüler recht ermüdend und langweilig zu sein scheint, sollte man sie dazu anhalten, da „die wiederholte Abrufung gespeicherter Information zur Herausbildung eines effektiven Kodierungssystems führen kann, indem bei jeder Wiederholung das Lernmaterial eine Anreicherung mit jeweils neuen Assoziationen stattfindet und dadurch ein späterer Abrufprozeß erleichtert wird.“[15] Das bedeutet, daß bei allen Bemühungen der Schüler, einen Text auswendig zu lernen, die Wiederholung von ausschlaggebender Bedeutung für das Behalten ist.

Rekonstruktion fordert Gedächtnisunterstützung

Während die meisten Techniken zum Auswendiglernen auf Reproduktion von Sprache abzielen, d.h. auf eine möglichst wortgetreue Wiedergabe des Textes, geht es auf der Stufe der Rekonstruktion darum, sich besonders das Wesentliche eines Textes einzuprägen. Wenn zuvor ein Text möglichst vollständig wiedergegeben werden sollte, war das Verständnis dieses Textes zwar sehr wünschenswert, aber nicht zwingend notwendig. Beim Rekonstruieren spielt jedoch das Verstehen eine ausschlaggebende Rolle. Denn: „Halbgelerntes und Halbverstandenes wird im Gedächtnis aber erst gar nicht richtig verankert und kann deshalb später auch nicht wieder erinnert werden.“[16]

Eine Möglichkeit, Informationen, Inhalte und Wissen zu rekonstruieren, wird durch das selektive Einprägen gegeben. Es besteht darin, die Wichtigkeit der Textteile beim Einprägen voneinander zu unterscheiden und dabei unwichtigere nicht zu beachten, um sich ganz auf die wesentlichen zu konzentrieren. Die wichtigen Elemente werden vom Gedächtnis gespeichert und stellen die Grundlage dar für das anschließende rekonstruierende Sprechen.

Untersuchungsergebnisse aus der Lernpsychologie besagen, daß Schüler bis zu 12 Jahren dazu neigen, komplexe Inhalte einfach auswendig zu lernen und soviel wie möglich zu behalten,[17] was jedoch – wie oben angedeutet – nicht unbedingt das Verständnis des Textes bedeutet. Frühestens bei 13jährigen Schülern kann man damit rechnen, daß sie einen Text selektiv verarbeiten. Das bedeutet, daß es notwendig wird, diese Technik mit Schülern im Unterricht zu üben.

Die Möglichkeiten des selektiven Einprägens bestehen
- in der Benutzung von Visualisierungstechniken
- in der Anfertigung von Notizen
- im antizipierenden Lesen

• Visualisieren

Bei der Benutzung von *Visualisierungstechniken* wird vorausgesetzt, daß der Text, dessen Hauptaussage man sich einprägen möchte, vorliegt. Er wird vom Schüler zunächst einmal durchgelesen und daraufhin durch optische Markierungen gekennzeichnet, wie sie bei den Lerntechniken zum Leseverstehen beschrieben werden.

Nun versucht der Schüler – ähnlich wie in der *Read-and-look-up*-Methode – zu den markierten Textstellen und Wörtern den dazugehörigen Text sinngemäß laut wiederzugeben. Dabei kontrolliert er sofort seine Aussage auf ihre Vollständigkeit hin nach der Vorlage. Je nach Komplexität des

Textes geht er dabei satzweise oder in kleinen Abschnitten vor. Schließlich muß der ganze Vorgang mehrfach wiederholt werden, ehe der Schüler den Text hinreichend beherrscht.

Schülerarbeitsbuch S. 102f.

- **Note-Taking Practice**

Eine Möglichkeit, sich noch mehr von der Textvorlage zu lösen, besteht durch das *Anfertigen von Notizen*. Zu diesem Zweck schreibt der Schüler einige Stichworte aus dem Text auf ein gesondertes Blatt. Bei der Anordnung der Notizen achtet er auf eine sinnvolle Verteilung und Zuordnung der Stichworte. Sodann verfährt er ähnlich wie im ersten Vorschlag, d.h. er versucht, zu den einzelnen Notizen die sinngemäße Textaussage laut sprechend wiederzugeben. Die Kontrolle geschieht anfangs durch den Vergleich mit der Textvorlage, die aber nach einiger Zeit entfällt und lediglich die Wiedergabe der Gedanken durch Wiederholung geübt wird.

Schülerarbeitsbuch S. 103f.

- **Antizipierendes Lesen**

Wie in beiden Vorschlägen deutlich wurde, prägt man sich einen Text überwiegend durch Lesen ein. Dabei darf dieses Lesen jedoch kein kontinuierliches Entlanggleiten des Blickes an den Zeilen sein, sondern benötigt Hervorhebungen, Schwerpunkte, Strukturierungen. Erst dann wird das Behalten gefördert. Das trifft auch auf den dritten Vorschlag zu, der darin besteht, sich einen Text durch *antizipierendes Lesen (forward reading)* einzuprägen. Diese Technik besteht darin, daß der Schüler sich abschnittweise und ehe er den Text liest, überlegt, welches wohl der Inhalt, insbesondere die Hauptaussage, sein könnte. Sodann vergleicht er seine Überlegung mit dem Text selbst. Wird er bestätigt, merkt er sich diese Aussage und verfährt ähnlich mit dem Rest des Textes. Abschließend ist es notwendig, daß er die Merkposten zusammenfassend nochmals überblickt, um ihre Beziehung zueinander zu erkennen und ggf. eine Ordnung herzustellen.

Eine solche Vorstrukturierung, die der Schüler selbständig vornehmen kann, erleichtert das Abrufen aus dem Gedächtnis, denn sobald Inhalte hierarchisch strukturiert werden, ermöglichen sie die leichtere Übernahme in das Speichersystem. Denn nach Ausubel werden durch die Vorstrukturierung

- relevante übergeordnete Begriffe vermittelt
- das geistige Gerüst aufgebaut
- die Erhöhung des Bekanntheitsgrades und des Bedeutungsgehaltes des Materials erreicht.[18]

Konstruktion heißt: Gedanken strukturieren können

Auf der Stufe der Konstruktion kann es bei der mündlichen Ausdrucksfähigkeit für den Schüler lediglich darum gehen, seine Redeabsichten

- in eine geeignete sprachliche Form zu bringen
- sie in ihrer Logik systematisch und adressatengerecht aneinanderzureihen

Dazu können Lerntechniken nur noch wenige Beiträge liefern. Sie konzentrieren sich daher auf folgende Verfahren:

- *Outlining* (Gliederungstechniken)
- Umschreibungstechniken

– *Note-Making* Practice

• **Outlining**

Damit die Aussagen eines Sprechers von seinem Gesprächspartner auch verstanden werden, muß u.a. die innere Logik der Aussage deutlich werden. Gibt der Schüler einen Text wieder, den er wörtlich auswendig gelernt hat, wird es für ihn beim Sprechen schwieriger sein, die Akzente richtig zu setzen, als wenn er sich den Text schwerpunktmäßig eingeprägt hätte. Hilfreich für einen sinnvollen Aufbau sind *Gliederungstechniken*, wie sie beim Leseverstehen vorbereitet und bei der schriftlichen Ausdrucksfähigkeit beschrieben werden.

S. 92f. und 114ff. Schülerarbeitsbuch S. 105f.

• **Umschreibungstechniken**

Um sich sprechend verständlich machen zu können, ist ein Minimum an Sprachmitteln Voraussetzung. Sehr oft geschieht es aber, daß dem Schüler ein bestimmtes Wort fehlt, um seinen Gedanken auszudrücken. In der Regel verstummt er in einem solchen Fall. Um das soweit wie eben möglich abzubauen, sollten die Schüler *Umschreibungstechniken* kennenlernen, mit denen sie sich in einer schwierigen Situation vielleicht behelfen können. „Hierzu gehört z.B. die Fähigkeit zu paraphrasieren, wenn das präzise Wort fehlt; die Fähigkeit, Sätze umzuformen, wenn man sich in der Konstruktion verfängt; die Fähigkeit, sich selbst zu korrigieren, wenn ein Fehler oder ein Mißverständnis offenkundig wird."[19] Solche Strategien müssen häufig trainiert werden, da sie – je geringer der produktive Wortschatz eines Schülers ist – umso wichtiger werden und einige Flexibilität seitens des Schülers erfordern. Hüllen regt an, zu diesem Zweck im Unterricht ab und zu Situationen vorzugeben und kommunikative Aufgaben zu stellen, die über dem produktiven Fertigkeitsgrad der Schüler liegen.

Schülerarbeitsbuch S. 107

• **Note-Making Practice**

Die *Note-Making Practice* besteht darin, daß der Schüler sich Notizen zu seinen Gedanken anfertigt und sich auf ihrer Grundlage äußert. Dabei wird er leicht die Tendenz haben, die Notizen möglichst umfassend zu gestalten und diese dann lediglich abzulesen. Je nach sprachlichem Können werden die Schüler im Rahmen der Sekundarstufe I auch nicht über dieses Stadium hinwegkommen. Dennoch sollte seitens des Lehrers versucht werden, ihre Kompetenz und sprachliche Sicherheit soweit zu entwickeln, daß sie zunehmend selbständig ihre Stichworte darstellen und kommentieren.

Schülerarbeitsbuch S. 105

3. Der Weg vom reproduktiven zum freien Sprechen lohnt sich

Die Sprechfertigkeit stellt an alle Lerner einer Fremdsprache hohe Anforderungen. Sie müssen sich
- die notwendigen Sprachmittel aneignen
- für das geeignete Sprachregister entscheiden
- überlegen, wie sie ihre Aussagen strukturieren wollen
- darüber klar werden, welche Strategien sie benutzen können, falls sie die passenden Sprachmittel nicht parat haben.

Die sprachlichen Äußerungen können auf drei verschiedenen Fertigkeitsstufen erfolgen:
- als Reproduktion
- als Rekonstruktion
- als Konstruktion

Zu allen drei Stufen gibt es Lerntechniken, die die sprachliche Äußerung von Schülern fördern können. Während es auf der ersten Stufe (Reproduktion) primär um Lerntechniken geht, die das Auswendiglernen eines Textes erleichtern, dienen die Lerntechniken der zweiten Stufe (Rekonstruktion) eher dazu, das Gedächtnis bei einer freier werdenden sprachlichen Äußerung zu unterstützen. Lerntechniken auf der Stufe der Konstruktion haben zwar auch die Aufgabe der Gedächtnisunterstützung; primär dienen sie jedoch dem Ordnen und Strukturieren der eigenen Gedanken, die man ausdrücken möchte.

Im Laufe der Sekundarstufe I erwerben die Schüler diese Lerntechniken schrittweise mit Beginn des ersten Unterrichtsjahres. Dabei weichen auf längere Sicht die Lerntechniken zum Auswendiglernen in zunehmendem Maße jenen zur freien sprachlichen Äußerung. Es hängt vom Geschick jeden Lehrers ab, wann und wie spezielle Übungsformen im Unterricht auftauchen.

Schreibfertigkeit

Ich kann es meiner Klasse einfach nicht abgewöhnen, immer so viel mitzuschreiben!

Lerntechniken im Überblick

1. Wozu das Schreiben nützlich ist

Um einen Überblick über die Teilkompetenz „Schreiben" zu bekommen, soll zunächst der Frage nachgegangen werden, wozu und bei welchen Gelegenheiten jemand überhaupt schreibt. Von dort soll der Blick auf das schulische Schreiben und anschließend auf die damit zusammenhängenden Lerntechniken gelenkt werden.

Rivers trennt das **praktische Schreiben** vom **kreativen Schreiben**.[1] Zum ersteren rechnet sie

- *everyday living*
- *social contact*
- *giving information*
- *study purpose*

Die zweite Gruppe setzt sich aus *entertainment* und *self expression* zusammen. Eine ähnliche Unterscheidung trifft Hecht mit den Begriffen *transactional writing* und *expressive writing*.[2]

Bei der Vermittlung der schriftlichen Ausdrucksfähigkeit durch den Englischunterricht werden diese beiden Gesichtspunkte berücksichtigt. Die Schüler möchten entweder eine Unterhaltung führen und/oder eigene Gedanken schriftlich ausdrücken. Sie tun dies, indem sie Rätsel lösen, Reime aufschreiben oder kleine Szenen entwerfen, die später aufgeführt werden sollen, bzw. durch die Darstellung persönlicher Erlebnisse, die Wiedergabe eigener Überlegungen usw. Andererseits sollen sie ihre schriftliche Ausdrucksfähigkeit in simulierten Alltagssituationen anwenden können.

Zwei weitere Aspekte, die besonders für das schulische Lernen von Bedeutung sind, und die unter Rivers' Begriff der *Study Purposes* fallen, müssen ergänzt werden: Bei der schriftlichen Formulierung wird der Schüler dazu angehalten, seine Gedanken zu ordnen, zu strukturieren und nach bestimmten Kompositionsprinzipien aufzubauen. Diese Fertigkeit stellt sich nicht von selbst ein und bedarf vielfältiger Übung. Dabei muß der Bezug zum Leser des geschriebenen Textes besondere Berücksichtigung finden, indem das Sprachregister, die Länge des Textes, sein Aufbau und seine Aufmachung sich an der Aufnahmefähigkeit und -bereitschaft des Adressaten orientieren.

Schließlich übernimmt das Schreiben im schulischen Lernprozeß die Aufgabe der Stärkung und Stützung des Gedächtnisses. French weist auf diese, das Behalten fördernde Fähigkeit hin. *„For these reasons, the writing exercise has a powerful effect on the child's mind and provides a very good way of fixing vocabulary, spelling and patterns of all kinds."*[3] Er fährt erläuternd fort: *„Writing does this because the movements of the hand are now called in to help the ear, the eye ..."*[4]

Um diese Funktionen des Schreibens wahrnehmen zu können, ist eine große Zahl vielfältiger Übungen notwendig, die sich zunächst auf die formal-sprachlichen Kenntnisse der Schüler, auf Rechtschreibung und Grammatik konzentrieren, dann aber recht bald in adressaten- und situationsgerechte Kommunikationsübungen überführt werden, die den Schülern zu einer selbständigen schriftlichen Ausdrucksfähigkeit führen und ihn befähigen, sich bei den genannten Anlässen angemessen schriftlich zu äußern.

In diesem Prozeß durchläuft ein Schüler drei Stufen:

Die *oberste* Stufe im Spracherwerbsprozeß ist die **freie schriftliche (oder mündliche) Sprachproduktion**. Der Schüler erreicht sie wie folgt:

a-verbale Kommunikations-absicht
↓
lautsprachliche Verbalisierung
↓
schriftsprachliche Aktualisierung

Der Schüler hat eine bestimmte Kommunikationsabsicht, die er aufschreiben möchte, die aber im Sinne von Rohrer außersprachlich ist und lediglich ein Konzept darstellt.[5]

Diese a-verbale Kommunikationsabsicht bringt der Schüler in eine sprachliche Form, er verbalisiert seine Intention. Dabei benutzt er die Form der gesprochenen Sprache, ohne jedoch die Formulierung auszusprechen. Sie nimmt lediglich in seinem Denken diese konkrete Sprachgestalt an. Nur bei schwächeren Schülern oder bei einer Aufgabe, die die Konzentration sehr in Anspruch nimmt, kommt es zur tatsächlichen Aktualisierung der Sprache, indem sie ihre Gedanken vor sich hinflüstern.

Der Schüler bringt nun die als gesprochen gedachte Aussage in ihre schriftsprachliche Form. Er vollzieht in einem Abstraktionsprozeß den Übergang vom Lautsystem der Sprache zu ihrem graphischen System. Das ist im Englischen nicht immer ganz einfach, da eine Übereinstimmung von Aussprache und Schreibweise oft nicht gegeben ist. Die Tatsache, daß bezüglich der Schriftbild-Klangbild-Diskrepanz für 90% des englischen Wortschatzes Regeln zu Orthographie und Aussprache bestehen, löst dieses Problem nicht, denn es setzt voraus, daß diese den Schülern auch weitgehend geläufig sind. Dies trifft jedoch in der Unterrichtspraxis nicht zu. Richtig weist Reisener daher auf die Feststellung Jungs hin, die besagt, daß „die guten Leser und Rechtschreiber es rechtzeitig gelernt haben, sich *nicht* auf das Lautbild zu verlassen und stattdessen dem gespeicherten Schriftbild zu folgen. Diese Möglichkeit ist den leserechtschreibeschwachen Schülern teilweise oder auch ganz versagt. Sie sind primär auf das Lautbild angewiesen.“[6]

Auf der *mittleren* Stufe des Erwerbs der Schreibfertigkeit geschieht das **gelenkte Schreiben**.

Hier ist die Kommunikationsabsicht meist durch die Übung schon vorgegeben oder wird gezielt hervorgerufen, wie etwa in folgenden Aufforderungen:

- Sage, daß Du diesem Vorschlag zustimmst, weil ...
- Sage, daß Du nicht kommen konntest, weil ...

Der Schüler rekonstruiert daraufhin die sprachliche Form. Dies geschieht auf dem gleichen Wege wie auf der ersten Stufe.

Auf der *einfachen* Stufe, dem Anfangsunterricht, geschieht überwiegend **reproduzierendes Schreiben**, indem der schriftlich vorgegebene Text abgeschrieben wird. Solche Aufgaben werden jedoch bald durch Zusätze ergänzt, die das mechanische Schreiben verhindern.

Der Schwierigkeitsgrad der Schreibfertigkeit

Vergegenwärtigt man sich den Schwierigkeitsgrad, der in den verschiedenen Phasen für die Schüler beim Schreiben besteht, so kann man folgendes feststellen: Im Vergleich zum Hörverstehen, zum Lesen und zum Sprechen treten beim Schreiben andere Anforderungen an den Schüler heran. Er muß

- Ähnlichkeiten in der Schreibweise auseinanderhalten (z.B. *well* / *we'll*)
- Homographe erkennen (z.B. *desert)*
- das Register der Schriftsprache kennen
- bei Hör-/Schreibaufgaben Homophone voneinander unterscheiden, (z.B. *I – eye*) und
- die Verschiedenheit von stimmhaften und stimmlosen Lauten wahrnehmen (z.B. *cap – cab*) und ins Schriftbild umsetzen.

Gegenüber anderen Fertigkeiten enthält das selbständige Schreiben aufgrund seiner geringen Geschwindigkeit weniger Schwierigkeiten. Jeder Schüler kann sein individuelles Lerntempo anlegen. Er hat Zeit, vor oder während der Sprachproduktion über ihre Richtigkeit nachzudenken. Die erbrachte sprachliche Leistung kann unmittelbar danach – und zwar wiederholt – kontrolliert werden. Außerdem stehen dem Schüler während des Schreibens Ausweichstrategien zur Verfügung, indem er eine bestimmte Aussage im Rahmen seiner sprachlichen Möglichkeiten ausdrükken kann, also nicht auf eine bestimmte Formulierung festgelegt ist, sondern sich mit Umschreibungen behilft.

2. Techniken, die das Schreiben unterstützen

Auf dem Weg des Schülers vom formalrichtigen Schreiben bis hin zur situations- und adressatengerechten Kommunikation, können verschiedene Lerntechniken die Arbeit erleichtern.

Hilfen zur Förderung der formalen Korrektheit

- Prinzipien zur Organisation des Textes
- das Benutzen von Nachschlagewerken
- das Korrekturlesen
- die Fehlerstatistik

Hilfen zur Förderung der inhaltlichen Klarheit

- das Gliedern von Texten *(outlining)*
- die *note-taking* und *note-making practice*

Hilfen zur Förderung der formalen Korrektheit

- **Prinzipien zur Organisation des Textes**

Dazu gehören die Prinzipien der Übersichtlichkeit, der Deutlichkeit und der Ordnung. Es war lange Zeit nicht populär, sie zu berücksichtigen. Sie sind jedoch die Grundvoraussetzung dafür, daß einerseits der Lernprozeß nicht behindert wird und andererseits, daß Kommunikation überhaupt zustande kommen kann. Die Schüler sollten daher von der ersten Stunde an dazu angehalten werden, sich einer sauberen Schrift zu bemüßigen, die produzierten Texte mit Überschriften und Abschnitten und ggf. dem Tagesdatum zu versehen.

Eine solche Ordnung des Textes ist sowohl für denjenigen, der den Text schreibt, als auch für seinen Leser hilfreich. Absprachen der Fachlehrer einer Schule über eine gemeinsame Norm sollten stattfinden, um den Schülern eine klare und einheitliche Leitlinie zu geben.

Schülerharbeitsbuch S. 111

- **Das Benutzen von Nachschlagewerken**

Die Schüler sollten immer wieder dazu aufgefordert werden, Nachschlagewerke zur Sachinformation bzw. zur sprachlichen Korrektur zu benutzen.

Geht es darum, Hintergrundinformationen zu sammeln, die für die Zusammenstellung eines Textes notwendig sind, müssen Sachbücher und allgemeine Nachschlagewerke herangezogen werden. Dies kommt besonders in den oberen Stufen der Sekundarstufe I vor und sollte auch gezielt in die Aufgabenstellung des Unterrichts mit eingebaut werden. Der Lehrer muß dazu jedoch die entsprechenden Werke bereitstellen, da nicht davon ausgegangen werden kann, daß Schüler privat über fachspezifische Sachbücher verfügen. Infrage kommen u.a. Nachschlagewerke zur Landeskunde Englands und den USA sowie Werke zu Politik, Wirtschaft, Geschichte, Geographie, Sport, Literatur und zu weiteren Einzelfragen.

Geht es um die sprachlichen Probleme, werden die Schüler zum zweisprachigen Wörterbuch greifen, da sie dort rasch orthographische und strukturelle Hinweise finden. Müssen sie nach einer Umschreibung für einen Begriff suchen, kann das einsprachige Wörterbuch Auskunft geben. Strukturelle Fragen schlagen sie in der Grammatik nach.

Voraussetzung für das Nachschlagen ist die Kenntnis des Alphabetes, des Aufbaus der Nachschlagewerke und der fachspezifischen Terminologie. Sie werden im Zusammenhang mit der Benutzung des Wörterbuches bzw. einer Grammatik genauer geschildert und hier deshalb lediglich genannt. (vgl. S. 41f. und S. 56f.)

- **Das Korrekturlesen**

Um einen selbstproduzierten oder von anderen geschriebenen Text auf seine formale Richtigkeit hin durchzulesen, muß der Schüler die Technik des Korrekturlesens beherrschen. Diese Fertigkeit des Fehlersuchens muß gezielt trainiert werden. Um sie im Unterricht zu üben, schlägt Rivers eine Art Wettbewerb vor. Kleine Gruppen von Schülern erhalten vom Lehrer (ausnahmsweise) einen fehlerhaften Text, den sie korrigieren und je nach gefundener Fehlerzahl, die entsprechenden Punkte sammeln. Die Gruppe, die die meisten Punkte hat, ist Sieger.[7]

Eine weitere Möglichkeit, die Schüler während des Unterrichts im Korrekturlesen zu üben, besteht darin, sie in Partnerarbeit gegenseitig selbstgeschriebene Texte korrigieren zu lassen. Ein Verfahren, das in der Schulpraxis recht oft angewandt wird.

Will der Schüler diese Technik jedoch alleine üben, so spricht er einen Text, z.B. den einer Schulbuchlektion auf Kassette und schreibt ihn daraufhin auf. Anschließend sieht er diesen Text durch, vergleicht ihn mit der Originalvorlage und findet so seine Fehler heraus. Damit die Schüler dieses Verfahren von Zeit zu Zeit üben, sollte es ab und zu als Hausaufgabe gestellt werden.

Die genannten Vorschläge stellen Übungsmöglichkeiten für das *proofreading* dar. Für das Fehlersuchen selber sind drei, im günstigen Fall vier Durchgänge zu empfehlen:

1. Durchgang
Der Schüler liest den Text **sinnentnehmend** durch und achtet dabei auf eventuelle syntaktische Fehler, auf ausgelassene Wörter und auf die Satzzeichen. Dieses Lesen ist sinnbezogen, der Leser greift mit seinem Blick einzelne *cluster* von Satzelementen ab.

2. Durchgang
Die Aufmerksamkeit des Schülers richtet sich auf die **Orthographie**. Das Lesen geschieht nun in der Art, daß zwar der Inhalt mitgelesen wird, jedoch in der Aufmerksamkeit des Lesers zugunsten eines detaillierten Wort-für-Wort-Lesens stark zurücktritt. Der Blick erfaßt also jedes Wort und die mit ihm zusammenhängenden Details: Akzent, Bindestrich, Apostroph, die Eindeutigkeit der Schrift und natürlich die Rechtschreibung selbst.

3. Durchgang
Dieses Lesen ist eine Kontrolle, die die Grammatik und die Orthographie gleichzeitig umfaßt. Die Aufmerksamkeit des Schülers konzentriert sich dabei auf die **typischen Fehler**, die er aus seiner persönlichen Fehlerstatistik her kennt. Dazu gehören mit großer Wahrscheinlichkeit die Umschreibung der Fragen mit *to do* oder das -s in der 3. Person Singular des Präsens.

4. Durchgang
Nicht immer hat der Schüler genügend Zeit, den Text nach diesen drei Durchgängen beiseite zu legen, etwas ganz anderes zu tun und ihn erst **nach mehreren Stunden oder gar Tagen** ein letztes Mal zu lesen. Wenn sich dazu jedoch die Gelegenheit bietet, sollte er sie nutzen, da er den Text nach einem größeren zeitlichen Abstand „mit anderen Augen sieht", denn seine Haltung und Einstellung zu seinem eigenen Produkt hat sich geändert. Er liest es nun wie einen fremden Text und seine Aufmerksamkeit bei der Fehlersuche wird gesteigert. Schülerarbeitsbuch S. 113

- **Die Fehlerstatistik**

Um den eigenen sprachlichen Schwächen in Grammatik und Orthographie beizukommen, empfiehlt es sich, eine persönliche Fehlerstatistik zu führen. Mit ihrer Hilfe registriert der Schüler die Art und die Häufigkeit seiner Fehler und gewinnt dadurch eine Grundlage für gezielte Wiederholungen. Eine solche Statistik sollte mindestens über ein halbes Jahr hin geführt und währenddessen so oft wie möglich ergänzt werden. Ihr Aufbewahrungsort ist daher ein immer sichtbarer und leicht zugänglicher Platz, z.B. der Arbeitsplatz des Schülers.
Eine solche Statistik ist sehr einfach anzulegen: Sie besteht aus zwei Rubriken. Eine Rubrik für die Fehlerart, eine weitere für die Fehlerhäufigkeit. Während letztere lediglich eine Strichliste darstellt, wird in der ersteren die Fehlerart beschrieben. Viele Schüler werden nicht in der Lage sein, die grammatische Bezeichnung für

die jeweilige Struktur zu benennen. Daher sollte stattdessen ein korrekter Beispielsatz angeführt werden, der an der Fehlerstelle unterstrichen wird. Der Schüler schreibt also statt „Die Fragebildung mit der Umschreibung" vielmehr eine Frage auf, z.B. *„Do you like ..."*

Durch gezieltes Sammeln kann diese Statistik stetig ausgebaut werden. Nach intensivem Üben ist es aber auch denkbar, daß einzelne Fehlerbeispiele wieder gelöscht werden können.

Schülerarbeitsbuch S. 115

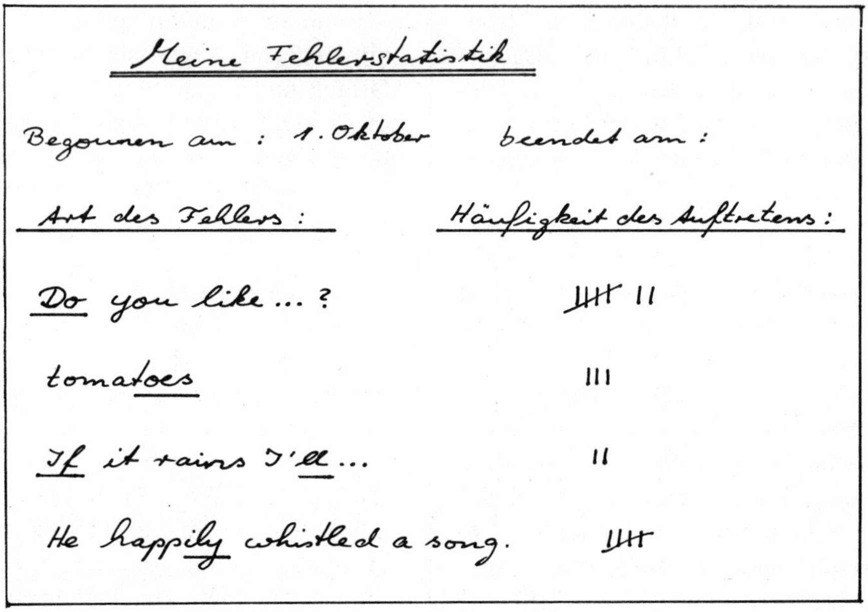

Hilfen zur Förderung der inhaltlichen Klarheit

- **Das Gliedern von Texten (Outlining)**

In Entsprechung zum Systematisieren von Texten beim Lesen muß der Schüler bei der eigenen schriftlichen Sprachproduktion die gängigen Kompositionsprinzipien kennen. Dazu muß er wissen, wie eine Gliederung angelegt wird.

Im weitesten Sinne wird unter „Gliedern" das Ordnen von Ideen und Begriffen nach bestimmten Gesichtspunkten verstanden. In diesem Sinne können die ersten Gliederungsübungen bereits in der Orientierungsstufe durchgeführt werden, indem die Schüler Klassifizierungen und Gruppierungen von Begriffen herstellen, z.B. *meals : breakfast, little lunch, lunch, tea, dinner*.

Aufgabe der Gliederung beim Schreiben von Texten ist es, die Organisation, d.h. die Struktur des zu schreibenden Textes wiederzuspiegeln.

Zunächst müssen vom Schüler zu einem bestimmten Thema die Ideen gesammelt werden. Dabei wird alles notiert, was ihm in den Sinn kommt. Bei der ersten Durchsicht werden diejenigen Notizen aussortiert, die er nicht in den Text aufnehmen will. Dazu streicht er sie auf seinem Notizblatt durch.

Sodann werden die verbleibenden Gesichtspunkte geordnet. Als Vorstufe bietet es sich an, die Notizen in der gewünschten Reihenfolge zu numerieren und ggf. Oberbegriffe zu unterstreichen oder auch erst noch zu finden. Daraufhin wird die endgültige Gliederung auf einem neuen Blatt angefertigt.
Das Zuordnen bzw. Unter- und Überordnen von Gedanken, die entweder in Satzform oder in Stichworten festgehalten werden, muß geübt werden.

Schülerarbeitsbuch S. 117

Folgende Aufgaben können z.B. diese Fertigkeit vorbereiten.

Kennst Du die Oberbegriffe für die folgenden Wörter?

dolphin, dog, horse, hippopotamus, cangaroo, eagle ____________________

knitting, collecting stamps, playing the guitar, horse-riding, reading ____________________

England, France, Italy, Greece, Sweden, Norway ____________________

Die richtige Klassifizierung ist Grundlage für den gut gegliederten Aufbau eines Textes.

falsch

The Kind of English Books
I Enjoy Reading

I. Fiction
  A. Historic novels
  B. Spy stories

II. Love stories

III. Nonfiction
  A. Books about great inventors
  B. Biographies

IV. Books about military heroes

V. Science and space exploration

richtig

The Kind of English Books
I Enjoy Reading

I. Fiction
  A. Historical novels
  B. Spy stories
  C. Love stories

II. Nonfiction
  A. Biographies
    1. Great inventors
    2. Military heroes
  B. Science and space exploration

Der Schüler sollte wissen, daß die Anordnung bzw. das Einrücken der Zeilen nach rechts eine Unter- bzw. Überordnung ausdrückt, die außerdem mit der Kennzeichnung durch Buchstaben oder Zahlen verdeutlicht wird. In dem obigen Beispiel geschieht sie durch römische Zahlen und arabische Buchstaben. Dieses System kann noch differenzierter ausgebaut werden, wie das folgende Beispiel zeigt:[9]

On a separate sheet of paper, organize the following geographical places into outline form. Use the following form:

1. Continents
    A. Countries
        1. Cities
            a. Sections of cities

Use a dictionary for any place name you do not know.

Manhattan	Canada	North America	Venezuela
Libya	New York	Boston	Chicago
Montreal	Turkey	Thailand	Quebec
Afghanistan	Calcutta	Kenya	South America
Spain	Kyoto	South Korea	Italy
Riyadh	Mecca	Argentina	Rio de Janeiro

Neben diesem Anordnungsprinzip muß der Schüler eine alternative Gliederungstechnik kennen, die linksbündig ist und ausschließlich mit Zahlen arbeitet.

1. *Continents*
1.1. *Countries*
1.1.1. *Cities*
1.1.2. *Rivers*
1.1.3. *Lakes*
1.2. *Oceans*
1.2.1. *Islands*
1.2.2. *Ports*

Mehr als maximal vier Stellen sollten der Übersichtlichkeit halber nicht eingeplant werden. Die Einrichtung jeder neuen Stelle setzt voraus, daß mindestens zwei Gesichtspunkte zu nennen sind, also z.B. 1.1. *Countries* und 1.2. *Oceans* als Unterpunkte zu 1. *Continents*. Im Gegensatz zur ersten Gliederungstechnik werden die Notizen linksbündig angeordnet, wobei die Anordnung der Zahlen nach rechts hinauswächst.

Um das Anfertigen von Gliederungen im Unterricht zu üben, kann man als Lehrer zunächst auf Systematisierungstechniken zurückgreifen, die beim Lesen benutzt werden. Auch Rück weist darauf hin, daß der Weg von der Bewußtmachung der Textstruktur zur Textproduktion geht. Als Lernziele, deren Reihenfolge auch die

Phasenabfolge des Unterrichts darstellt, nennt er:

Richtziel
Erkennen von Textstrategien und ihre Verwendung zur Texterzeugung

Globalziel in Teilzielen
- Erkennen, daß ein Text mehr ist, als eine ungeordnete Menge von Wörtern und Sätzen;
- Unterscheiden von Texttypen;
- genaues Bestimmen eines Texttyps (hier: Argumentation);
- Befähigung zur Anwendung in der Textproduktion.[10]

Dementsprechend muß der Schüler veranlaßt werden, die Strukturierung eines gegebenen Textes herauszufinden und unter Berücksichtigung der formalen Gesichtspunkte aufzuschreiben.
Eine andere Aufgabe könnte darin bestehen, zu einem vorgegebenen Thema auch die Ideensammlung zu liefern und den Schüler diese zu einer Gliederung ordnen zu lassen.

Schülerarbeitsbuch S. 119

Diese Aufgabe kann man erschweren, indem man den Schüler veranlaßt, auch die Ideensammlung selbst zu erstellen und diese daraufhin auf einem zweiten Blatt als Gliederung anlegen zu lassen.

Schülerarbeitsbuch S. 120

In einer weiteren Übung kann dem Schüler schließlich eine sehr allgemeingehaltene Gliederung vorgelegt werden und er den Auftrag erhalten, in Entsprechung zu ihr zu einem speziellen Thema eine Gliederung anzulegen.

Schülerarbeitsbuch S. 120

- **Die note-taking und die note-making practice**

Die note-taking und die note-making practice sind Techniken, die zwischen den rezeptiven und den produktiven sprachlichen Fertigkeiten angesiedelt sind.
Die **note-taking practice** trägt dazu bei, daß ein gehörter oder gelesener Text in *Stichworten* festgehalten wird. Die Schüler übernehmen dabei fast ausschließlich Formulierungen des Textes selber. Sie stehen ihm mit einer analytischen Haltung gegenüber und versuchen, strukturierend und systematisierend seinen Hauptinhalt zu erfassen oder Textaussagen unter einem besonderen Gesichtspunkt herauszufinden und festzuhalten. Dieses intensive Verfolgen und Nachvollziehen des Textes, das mit gleichzeitigem Aufschreiben verbunden ist, führt zu einem größeren Verständnis, da die Denk- und Behaltensprozesse der Schüler unterstützt werden.
In der **note-making practice** notiert der Schüler teilweise sogar ausschließlich *eigene Gedanken*, z.B. zum gehörten oder gelesenen Text. Diese Notizen stellen die Grundlage für weitergehende schriftliche oder mündliche Äußerungen dar.
Eine ganz besonders enge Beziehung haben beide Techniken natürlich zur Schreibfertigkeit, denn Notizen werden nun einmal geschrieben und ihre Anfertigung ist bereits selber Sprachproduktion.

Übungshinweise
Zur Übung der *note-taking practice* empfiehlt es sich, von einem Lesetext auszugehen, da die Schüler im Gegensatz zum Hörtext mehr Zeit zur Verfügung haben und den Text ein zweites Mal lesen können. Erst mit fortgeschrittener Fertigkeit

der Schüler kann man einen Hörtext zugrunde legen. Für diese Notizen benötigen die Schüler weitere Verfahren, die ein schnelles Notieren möglich machen, so daß sie mit dem Tempo des Sprechers mithalten können.

Hören / Lesen ▶ [note-taking practice / note-making practice] ◀ Sprechen / Schreiben

▲

- Erschließen der Notizen
- schnelles Notieren
- Anordnen der Notizen

Damit wird deutlich, daß die Technik der *note-taking practice* bzw. der *note-making practice* selber untergeordnete Verfahren benutzt, um wirkungsvoll angewandt werden zu können. Zu derartigen *subskills* gehören u.a.

- das Erschließen von Notizen
- das schnelle Notieren
- das Anordnen der Notizen

Beiden Techniken des Notierens ist gemeinsam, daß sie den Schüler am Lernprozeß beteiligen und aktivieren.

Zwar wird diese Aktivität in der Literatur der *note-taking practice* gelegentlich abgesprochen: „*To take notes suggests a passive procedure of recording words verbatim, like a secretary taking dictation.*“[11] Ich meine aber, daß ganz im Gegenteil gerade bei dieser Aufgabe vom Schüler höchste Aufmerksamkeit und innere Beteiligung verlangt wird: während des Zuhörens muß er den inhaltlichen „roten Faden“ der Aussage erkennen und verfolgen, muß die einzelnen dort ausgedrückten Gedanken in Beziehung zueinander setzen und sie systematisieren. Sodann muß er die einzelnen zu fixierenden Informationen sprachlich verkürzen, wobei semantische, orthographische, syntaktische Überlegungen ins Spiel kommen und schließlich müssen bei der eigentlichen Niederschrift graphische Entscheidungen getroffen werden. Das bedeutet, daß der Schüler während der Anfertigung von Notizen aktiv an seinem Lernprozeß beteiligt ist.

- **Prinzipien bei der Anfertigung von Notizen**

Vorbereitung

- Zum Schreiben sollte **das Schreibgerät** benutzt werden, mit dem man am sichersten und schnellsten schreibt. Der Kugelschreiber ist dabei wohl am ungeeignetsten, da es sich um ein recht schweres Gerät handelt, mit dem der Schriftzug sehr langsam ist. Er verleitet obendrein zu unleserlicher Handschrift. Der Füller wird von manchen Methodikern empfohlen, da er den Schreiber zur überlegten und sauberen Niederschrift anreizt: „*It is best to make notes in ink. Pencil tends to smudge in time and to become illegible. The permanence of ink also suggests neatness rather than hastily scribbled words and phrases.*“[12]
  Ein spitzer Bleistift ist jedoch auch sehr dienlich. Er hat den Vorteil, leicht zu sein und damit schnelles Schreiben zu ermöglichen. Außerdem kann seine Schrift durch Radierungen wieder problemlos entfernt bzw. Notizen korrigiert werden. Die letzte Entscheidung sollte vom Schüler jedoch selbst getroffen werden.
- Bei der Gestaltung der Notizen auf einem Blatt oder im Schülerheft ist **Übersichtlichkeit oberstes Gebot**. Das bedeutet, es sollte rechts und links je ein breiter Rand für Ergänzungen, Anmer-

kungen usw. gelassen werden. Die einzelnen *notes* sollten in ihrer graphischen Anordnung das dem Text innewohnende System wiederspiegeln und damit leicht überschaubar sein. Dazu sollte man versuchen, die Notizen auch in die Breite anzulegen und nicht nur vertikal. Das bietet die Möglichkeit, bei Rückgriffen des Textes auf einen schon früher genannten Aspekt dort leichter Ergänzungen anbringen zu können.
Auch der Zeilenabstand darf aus diesem Grunde nicht zu eng sein, damit einerseits die Übersichtlichkeit vorhanden ist und auch dann erhalten bleibt, wenn Ergänzungen hinzugefügt werden.

- Sobald die Notizen angefertigt worden sind, sollte der Schüler die Gelegenheit nutzen, diese nochmals auf notwendige Ergänzungen oder Anmerkungen und **auf formale Korrektheit** hin (z.B. Verbesserung der Schrift, Ergänzungen durch Symbole usw.) **durchzusehen**. Unter Berücksichtigung der mit der Zeit nachlassenden Gedächtnisleistung ist es nicht zu empfehlen, diese Aufgabe aufzuschieben.

- Um die Notizen auch im notwendigen Umfang anfertigen zu können, sollte der Schüler verschiedene Hilfen nutzen, die ihn in die Lage versetzen, die **richtigen Notizen zu erschließen**. Kennzeichen für die Strukturierung eines Textes lassen sich nicht nur an der Einteilung eines geschriebenen Textes und durch graphische Besonderheiten ablesen, sondern auch beim Hören bekommt der Schüler wichtige Hinweise. Heaton nennt *„particular conceptual und rhetorical features.“*[13]

Beim Hören und Sehen
Hinweise auf die Sprechgeschwindigkeit, die Lautstärke, die Intonation, aber auch Gestik, Körperbewegung, Mimik/Blicke

Textimmanente verbale Hilfen
Hinweise auf wichtige Aussagen:
I want to start by saying ...
the subject/topic I want to discuss is ...
this is important because ...
it strikes me that ...

Hinweise auf Schlußfolgerungen:
Therefore ...
As a result ...
Consequently ...

Hinweis auf das Überwechseln zu neuen Gedanken:
The next question is ...
Then/Secondly/Finally ...

Hinweis auf gegensätzliche Aussagen:
On the one hand ... / On the other ...
However ...
Although ...
Kritik ausdrücken:
Some experts argue that ... but
It has been said that ... but
Um die Anfertigung von Notizen zu erleichtern, ist es sinnvoll, **Assoziationen zu wecken**, die mit dem Thema in Verbindung stehen. Wenn dies vor der Textarbeit geschieht, wird das *field of awareness* der Schüler aufbereitet, entsprechendes sprachliches Vokabular wird reaktiviert, Sachkenntnisse und Informationsdetails zusammengestellt und so die Aufnahme des Textes begünstigt.
Zu diesem Zwecke ist es sinnvoll, den

Schülern das Thema oder die Überschrift des Textes zu geben und dazu assoziativ ihre Gedanken äußern und aufschreiben zu lassen. Zu dem Thema *The Threat To Our Coasts* könnten Schüler einer 9. oder 10. Klasse etwa folgende Assoziationen bringen:

Schülerarbeitsbuch S. 121

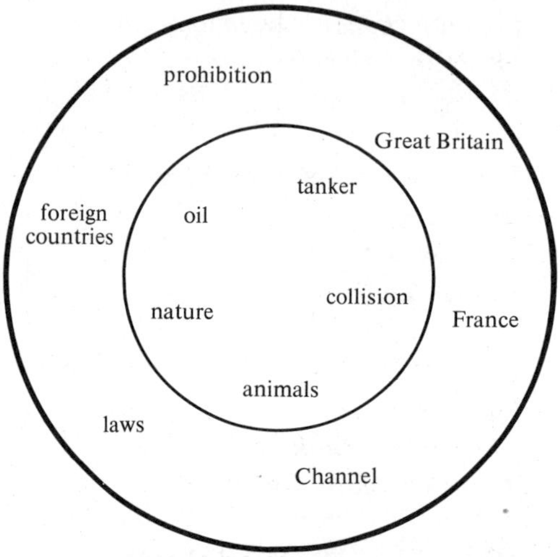

Derartige Assoziationen können zunächst notiert und dann zur Grundlage eines Gesprächs gemacht werden. Neue Vokabeln können in diesem Zusammenhang leicht durch den Lehrer oder durch die Schüler selber gefunden und ergänzt werden. Ist das *field of awareness* sowohl inhaltlich auch als sprachlich derartig aufbereitet, wird es leichter fallen, auch einen schwierigen Text aufzunehmen und zu verarbeiten.

– Eine andere, sehr einfache Art, den **Text im Unterricht vorzubereiten**, liegt in der Möglichkeit, ihn den Schülern zunächst kurz **vorzulegen**, damit sie ihn grob kennenlernen. Nach dem Besprechen des Textes, das je nach Schulart und Klassenstufe unterschiedlich ausgiebig sein kann, wird der Text vorgelesen bzw. vom Tonband vorgespielt und die Schüler fertigen erst dann die Notizen an.

Übungen zum Notieren

Der Text wird zusammen mit einer Gliederungshilfe angeboten, und die Schüler brauchen nur noch die entsprechenden Notizen einzutragen.

From: *Daily Express,* 5 April 1971.

THE THREAT TO OUR COASTS

It is time to end the scandal of wayward oil tankers in the English Channel.

The latest to threaten the South Coast with pollution was the Liberian ship Panther, grounded on the Goodwin Sands for five days. Numerous tankers have either collided or been beached in the recent past. Congestion is getting worse. Unless something drastic is done many more accidents are inevitable.

In these circumstances, Britain and France should impose strict "rules of the road" on shipping and consider how to ban tankers from using the Channel – excepting only those disarching oil at Channel ports.[14]

main topic: [ ]

causes: 1. ____________

2. ____________

consequence: ____________

means of improvement: ____________

Schwieriger wäre die gleiche Version der Aufgabe ohne die steuernden Schlüsselwörter. Durch die Zuordnung der Linien in Zeilenhöhe und Vorgabe der Anzahl der Linien geschieht die Steuerung des Schülers. Gleichzeitig wird der Umfang der Arbeit klar umgrenzt.

Eine *weitere Übung* könnte darin bestehen, zu dem gelesenen oder gehörten Text Notizen machen zu lassen, diese daraufhin z.B. in Partnerarbeit oder Gruppenarbeit besprechen und ergänzen bzw. korrigieren und das Ergebnis von den Schülern selber bewerten zu lassen. Dazu könnte es für die Schüler hilfreich sein, wenn angegeben wird, daß in dem betreffenden Text z.B. eine Hauptthese, zwei Ursachen, zwei Konsequenzen und ein Mittel zur Behebung der Situation genannt werden.
Wenn der Lehrer die Anfertigung von Notizen in diesem oder einem ähnlichen Maße steuert, wird der Prozeß des einsichtigen Lernens der Schüler gefördert, sie haben für das Verfahren ein größeres Verständnis und ihre Fertigkeit in der *note-taking practice* wird gesteigert.

- **Tips zum schnellen Notieren**

Um die **Geschwindigkeit** beim Anfertigen von Notizen **zu erhöhen**, ist es wichtig, Möglichkeiten für sprachliche Verkürzungen zu kennen, die aber den wesentlichen Gehalt der Aussage nicht beschneiden.
Wörter auslassen: Wörter können in zwei Klassen unterteilt werden: Inhaltswörter und Formwörter.[15] Während die Inhaltswörter meist Adjektive, Substantive, Adverbien oder Verben sind, übernehmen die Formwörter die Funktion, den grammatischen Rahmen zu gestalten. Solche Wörter sind z.B. *is, of, the, an*. Sie können bei der Anfertigung von Notizen meist ohne große Einbußen an Informationen ausgelassen werden. Zu den oft ausgelassenen Wörtern gehören u.a.:
be, have, do – noun determiners (some, the, an) – there is / there are – personal pronouns[16]

Schülerarbeitsbuch S. 123

Übungshinweise
Die Schüler erhalten die Notizen und sollen daraus einen Text machen, den sie dann mit dem Original vergleichen.

Schülerarbeitsbuch S. 123

Die Schüler erhalten den vollen Text und die Notizen und sollen die Wörter unterstreichen, die fortgefallen sind.

Die Schüler fertigen Notizen zum vorliegenden Text selbständig an. Als Hilfe wird ihnen vom Lehrer das Wortlimit pro Satz angegeben:
sentence no. 1: not more than 5 words*
sentence no. 2: not more than 5 words
sentence no. 3: not more than 6 words
sentence no. 4: not more than 6 words

Schülerarbeitsbuch S. 124

Die Schüler ersetzen ein langes oder schwierig zu schreibendes Wort durch ein Synonym oder ein Wort mit annähernder Bedeutung:
He decided that he would try to break T.K.'s world record.
He wanted (to try) to break T.K.'s world record.

* In der Literatur wird auch der Vorschlag für die Anweisung gemacht, nicht mehr als eine bestimmte Anzahl von Zeilen zu beschriften.[17] Dies ist jedoch wegen der sehr unterschiedlichen Größe der Schülerhandschriften nicht sehr hilfreich.

Die Schüler konzentrieren eine Wendung durch Wortzusammenziehungen:
He decided that he would try to break ...
He decided to break ...

Die Schüler lassen häufig vorkommende Wörter aus:
Snyman's box was three metres long and two metres high.
Snyman's box was three metres long and two high.

Schüler erfinden eigene Wortabkürzungen:
developmt. developm. development
Diese Art der Abkürzungen setzt mehr Nachdenken und sprachliche Wendigkeit voraus und ist daher wohl frühestens am Ende der SI möglich.

Abkürzungen verwenden: Nach Heaton[18] sind folgende Abkürzungsmöglichkeiten gängig, die auch von den Schülern benutzt werden.

etc. = *and so on*
eg. = *for example*
i.e. = *that is*
p. = *page*
pp. = *pages*
s.o. = *someone*
o.s. = *oneself*
oder Wortteile abkürzen
voc. = *vocabulary*
lang. = *language*
lit. = *literature*

Die einfachste Art der Abkürzungen besteht darin, nur den ersten Buchstaben eines Wortes aufzuschreiben. Dies ist besonders bei Eigennamen und bei Oberbegriffen anwendbar oder bei Wörtern, die sehr häufig im Text auftreten.

Neben verbalen Abkürzungen besteht die Möglichkeit, bei Zahlenangaben Ziffern zu benutzen

Schülerarbeitsbuch S. 124f.

527 *five hundred and twenty-seven*
1/2 *a half*
auch eine Kombination von Buchstaben und Ziffern kann sehr hilfreich sein:
7 m oder 7000000 *7 million seven million*
Zeichen und Symbole benützen: Auch hier – wie bei den Abkürzungen – steht es jedem Schüler frei, eigene Zeichen zu finden, die er stets benutzt. Es ist jedoch zu empfehlen, vor allem diejenigen zu übernehmen, die gängig sind,[19] wie zum Beispiel:

= *is/was (equal to)*
≠ *is/was not (equal to)*
> *is greater than*
< *is less than*
→ *leads to, aims at*
← *comes from, is a result of*
~ *varying, changing, differing*
& *and, plus*
: *relationship between*
⟷ *opposite to, in opposition to* Beziehung zwischen zwei Gesichtspunkten

Schülerarbeitsbuch S. 125

- **Tips zum Anordnen von Notizen**

Neben den Techniken zum inhaltlichen Erfassen und zum schnellen Notieren eines Textes, muß der Schüler wissen, wie seine Notizen sinnvoll angeordnet werden können. Im Englischunterricht lernt er dazu verschiedene Möglichkeiten kennen, die ihm zuerst in Form verschiedener Raster begegnen und eine starke Steuerung darstellen. Mit zunehmender Selbständigkeit wird sie jedoch zurückgenommen, und der Schüler ordnet seine Notizen schließlich sogar ohne die Hilfe von Rastern übersichtlich an, behält jedoch weitgehend deren Ordnungsprinzipien bei.

Grundschemata für die **note-taking practice** sind die folgenden:

Write down the main-topics:

a	
b	
c	
d	

Varianten dieses Grundschemas könnten je nach Situation Tagebuchseiten, Notizzettel, Vordrucke für einen Polizeibericht, Briefe und ähnliche Textsorten mehr sein.

who?	when?	where?	what?	how?

Diese Leitfragen sind eine systematisierende Erinnerungshilfe für die Schüler. Durch die Breite und Länge der vorgegebenen Rubriken wird der Umfang der anzufertigenden Notizen umrissen, wie es auch im ersten Schema der Fall war.

Schülerarbeitsbuch S. 126

Ein Raster, der die Aufmerksamkeit nicht nur auf die aufzuzählenden Fakten, sondern auch auf logische Verbindungen lenkt, ist der folgende:

	main ideas	*reasons*
1.		
2.		

Hauptbestreben muß es während aller Übungen sein, die Schüler in zunehmendem Maße in die Lage zu versetzen, eine solche Systematisierung der Informationen eines Textes selber vorzunehmen. Die auf diese Art und Weise zusammengestellten Notizen stellen sodann eine nützliche Grundlage dar, um Aussagen zum Textinhalt zu machen.

Das folgende Schema veranlaßt die Leser, sich Notizen zu 4 verschiedenen Aspekten des Textes zu machen. Dabei sind Erweiterungen oder Verkürzungen natürlich je nach Text und Unterrichtssituation denkbar.

What does the text say about ...?

z. B. man	*z. B. animals*
z. B. pollution	*z. B. care*

Während hier zu verschiedenen Aspekten des Textes Notizen gemacht werden sollen, werden im folgenden Raster Anmerkungen zu einer (oder auch mehreren) Fragen aus verschiedenen Perspektiven gemacht:

	person A	*person B*	*person C*
Question 1: (z. B. the cause of the accident)			
Question 2: (z. B. persons involved)			

Bei der **note-making practice** geht es dem Schüler darum, seine Meinung zum Text oder seine Stellungnahme zu Einzelfragen des Textes abzugeben. „Seine ‚Notes' sind nun nicht mehr Auszüge oder Zitate aus Texten, sondern seine eigenen, schriftlich fixierten Gedanken und Meinungen, aufgezeichnet in der Auseinandersetzung mit einer Anzahl möglicherweise verschiedenartiger Textsorten zu einem bestimmten Problem."[20]

Schülerarbeitsbuch S. 128

Auch hier gilt es, die Gedanken zu steuern und gezielt zusammenzustellen. Einfache Schemata reichen hierfür schon oft aus:

PROS	CONS

Oder:

Main Idea		note-taking
Reasons		
Advantages		note-making
Disadvantages		

Schülerarbeitsbuch S. 130f.

Zur Lösung eines Problems, das im Text angesprochen wird oder zur Ergänzung einer *open-ended-story*:

Suggestions:
1. ....
2. ....
3. ....

3. Jede Technik muß geübt werden

Die Entwicklung der Schreibfertigkeit durchläuft drei verschiedene Stufen:
1. Stufe: reproduzierendes Schreiben
2. Stufe: gelenktes Schreiben
3. Stufe: freie schriftliche Produktion

Diesen Stufen können Lerntechniken zugeordnet werden, die sich auf Form und Inhalt der schriftlichen Äußerungen beziehen. Um die *Form* des Textes zu beeinflussen, müssen

- Prinzipien zur Organisation des Textes
- Techniken zur Benutzung von Nachschlagewerken
- Lerntechniken zum Auffinden von Fehlern

geübt werden.
Um die schriftliche Äußerung *inhaltlich* zu strukturieren, werden

- Gliederungstechniken und die
- *note taking* und *note-making practice*

angewandt.
Zum Training dieser Kenntnisse und Techniken, die z.T. ihrerseits wieder *subskills* benötigen, gibt es hilfreiche Übungen, die jeder Lehrende in den Unterricht einbauen sollte.

Anstatt einer Zusammenfassung: Lehrerstimmen zum Thema Lerntechniken

In einem Interview mit Lehrern, in dem es um Lerntechniken zum Hörverstehen ging, drückten die Befragten ihre Meinung so aus:

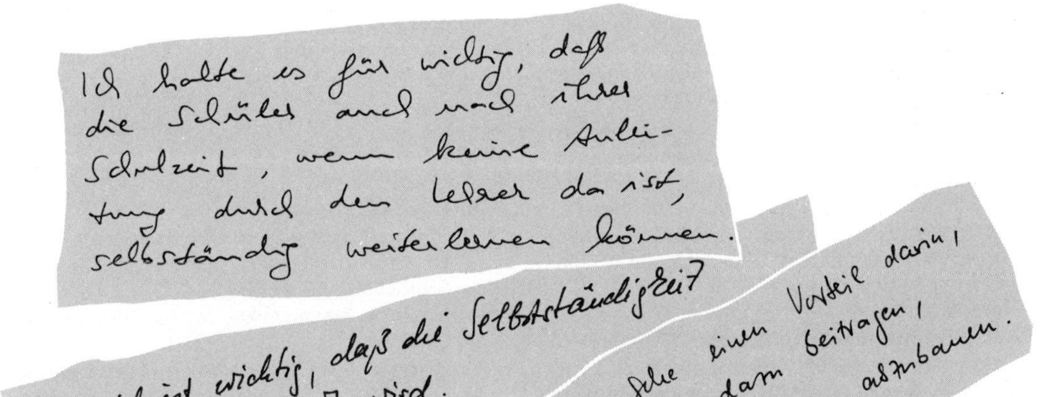

Ich würde mich freuen, wenn mir die Leser nach der Lektüre dieses Buches auch ihre eigenen Erfahrungen und Meinungen mitteilten.

Anmerkungen

Teil 1

1 *J. Quetz,* Wortschatzarbeit im Lichte neuerer Semantiktheorien und lernpsychologischer Untersuchungen in: W. Hüllen, Linguistik und Englischunterricht, Heidelberg (Quelle und Meyer) 1976, S. 130.

2 *F.E. Weinert,* Ist Lernen lehren endlich lehrbar? Einführung in ein altes Problem und in einige neue Lösungsvorschläge in: Unterrichtswissenschaft 1983 (Nr. 4), S. 329.

3 Vgl. hierzu u.a. folgende neuere Veröffentlichungen:
D. Herold, Arbeits- und Lerntechniken im Fremdsprachenunterricht, Kiel 1982.
A. Raasch, Fremdsprachenlernen, aber wie? München (Hueber) 1982.
A. Raasch, Sprachen lernen lernen, Hueber Sonderdrucke Nr. 2, München (Hueber) 1983.
G. Zimmermann, E. Weißner, Zur Textverständlichkeit im Lernbereich Grammatik in: Neusprachliche Mitteilungen, 3/1981.

4 Vgl. die verschiedenen Beiträge in der Zeitschrift ‚Fremdsprachenunterricht' seit 1982.

5 Einen sehr guten historischen Überblick liefert: *G. Eigler,* Lernen lehren – erziehungswissenschaftlich betrachtet. in: Unterrichtswissenschaft, Nr. 4, 1983, S. 335–349.

6 *K.R. Bausch u.a.,* Sprachlehr- und Sprachlernforschung: Begründung einer Disziplin, Tübingen (Narr) 1983, S. 51.

7 a.a.O., S. 51.

8 *R. Kluwe,* Kontrolle des eigenen Denkens und Unterricht in: B. Treiber, F.E. Weinert, Lehr-Lern-Forschung, München/Wien/Baltimore (U&B) 1982, S. 17.

9 a.a.O.

10 Lediglich in dem Fall, in dem der Schüler einen Fehler macht, diesen als solchen selber registriert, die richtige Version erkennt und sich diese daraufhin einprägt.

11 *H. Vettiger, F. Kobel, V. Kummer,* Lernziel: Selbständigkeit, Arbeitstechniken für Schüler, Düsseldorf (Schwann) 1979, S. 37f.

12 *G. Stuckert,* Das Lernen des Lernens in: Meißner, Zöpfl, Handbuch der Unterrichtspraxis, Band 1, München 1973, S. 39.

13 *R.D. Naef,* Rationeller Lernen lernen, Weinheim, Basel (Beltz)[10] 1980, S. 11.

14 *H. Vettiger u.a.,* Lernziel: Selbständigkeit, S. 33.

15 *F. Vester,* Denken, Lernen, Vergessen, Stuttgart (dtv) 1975, S. 98.

16 *H. Neber,* Selbstgesteuertes Lernen, in: B. Treiber, F.E. Weinert, Lehr-Lern-Forschung, S. 93.

17 *G. Zimmermann, E. Wißner,* Zur Textverständlichkeit ..., S. 96.

18 *R.D. Schräder-Naef,* Schüler lernen Lernen, Vermittlung von Lern- und Arbeitstechniken in der Schule, Weinheim, Basel (Beltz) 1977, S. 23ff.

19 a.a.O., S. 26.

20 *H. Vettiger u.a.,* Lernziel: Selbständigkeit, S. 30.

21 a.a.O., S. 34.

22 a.a.O., S. 33.

23 vgl. z.B. die Lehrpläne von Rheinland-Pfalz, Niedersachsen und Bayern.

24 *Bayerisches Staatsministerium für Unterricht und Kultus (Hg.),* Curricularer Lehrplan für Englisch als 1. Fremdsprache in der 9. und 10. Jahrgangsstufe des Gymnasiums vom 22.10.1981 in: Amtsblatt des Bayerischen Staatsministerium für Unterricht und Kultus vom 19.1.1982, S. 51.

Teil 2

Zum Wortschatzerwerb

1 *P. Doyé,* Systematische Wortschatzvermittlung im Englischunterricht. Hannover, Dortmund: Schroedel/Lensing, [5]1980, S. 32.

2 *P. Doyé,* Systematische Wortschatzvermittlung ..., S. 33.

3 *P. Doyé,* Systematische Wortschatzvermittlung ..., S. 34.

4 *F. Denninghaus,* Der kontrollierte Erwerb eines potentiellen Wortschatzes im Fremdsprachenunterricht, in: Praxis 1976, S. 3ff.

5 *F. Denninghaus,* Der kontrollierte Erwerb ..., S. 33.

6 *D. Kastovsky,* Wortbildung bei der Wortschatzarbeit, in: Der fremdsprachliche Unterricht, Heft 59, August 1981, S. 11.

7 *L. Alfes,* Analogieschlüsse und potentielle Wortkompetenz, in: Die neueren Sprachen 4/1970, S. 354f.

8 *L. Alfes,* Analogieschlüsse ..., S. 358ff.

9 *L. Alfes,* Lassen sich aus latenten Lernstrategien Ansprüche an ein systematisches „vocabulary

building" ableiten? in: Englisch, Heft 1, 1980, S. 4.

10 Beim Schließen handelt es sich hier nicht um eine im mathematischen Sinne exakte Schlußfolgerung, sondern um einen Wahrscheinlichkeitsschluß oder einen Analogieschluß, der durch die Ähnlichkeit gegebener Glieder eine Erklärung zu geben scheint, wobei jedoch auch Fehlschlüsse möglich sind. Doyé spricht daher auch korrekterweise von der Herstellung eines logischen Bezuges. (P. Doyé. Systematische Wortschatzvermittlung ..., S. 44).

11 *F. Denninghaus,* Der kontrollierte Erwerb ..., S. 11.

12 *P. Doyé,* Systematische Wortschatzvermittlung ..., S. 49f.

13 *F.J. Zapp,* Sprachbetrachtung im lexikalisch-semantischen Bereich: eine Hilfe beim Zweit- und Drittsprachenerwerb, in: Der fremdsprachliche Unterricht, Heft 67, 1983, S. 195.

14 *D. Kastovsky,* Wortbildung ..., S. 174.

15 *D. Kastovsky,* Wortbildung ..., S. 175.

16 *F. Denninghaus,* Der kontrollierte Erwerb ..., S. 5.

17 *P. Doyé,* Systematische Wortschatzvermittlung ..., S. 48f.

18 F. Denninghaus erwähnt eine sowjetische Untersuchung, die berechnet, daß unter Nutzung dieser Gesetze der potentielle Wortschatz des Russischen fast ein zehnfaches des realen Wortschatzes beträgt und daß man in bezug auf das Englische diese Zahlen ruhig noch einmal verdoppeln könne. (F. Denninghaus. Der kontrollierte Erwerb ..., S. 4f.)

19 *F. Denninghaus,* Der kontrollierte Erwerb ..., S. 10.

20 *F. Denninghaus,* Probleme der einsprachigen Bedeutungserklärung, in: Praxis 1965, S. 22.

21 *F. Denninghaus,* Probleme ..., S. 15.

22 *F. Denninghaus,* Probleme ..., S. 16.

23 *F. Denninghaus,* Probleme ..., S. 16.

24 *F. Denninghaus,* Probleme ..., S. 16.

25 *L. Alfes,* Analogieschlüsse ..., S. 352.

26 *W. Wierscheim, E. Hahn.* Englisch. Lehrplan-Vorbereitung-Unterricht. Weinheim, Basel: Beltz, 1976, S. 140.

27 Vgl. dazu auch *A. Göller,* Wie kann man Schüler zur Arbeit mit dem Wörterbuch anleiten? in: Der fremdsprachliche Unterricht 1981, Heft 59, S. 200.

28 Göller schlägt vor, das zweisprachige Wörterbuch für Französisch als zweite Fremdsprache nicht vor dem dritten Lehrjahr, eher erst im vierten einzuführen. (A. Göller. Wie kann man ..., S. 200.).

29 Regionales Pädagogisches Zentrum (Hg.). Vorschläge zur Verbesserung des Englischunterrichts mit leistungsschwachen Schülern. Bad Kreuznach, 1982, S. 70.

30 *K. Hecht,* Englisch. Sekundarstufe I, Band 2 Unterrichtsgestaltung. Donauwörth: Auer, ^{2}1978.

31 *J. Rohrer,* Die Rolle des Gedächtnisses beim Sprachenlernen. Bochum: Kamp, 1978, S. 66.

32 *J. Rohrer,* Die Rolle des Gedächtnisses ..., S. 64.

33 *H. Gutschow,* Eine Methodik des elementaren Englischunterrichts. Probleme und Arbeitsformen. Berlin: Cornelsen, Velhagen & Klasing, 1978, S. 77.

34 *P. Doyé,* Systematische Wortschatzvermittlung ..., S. 92.

35 *P. Doyé,* Systematische Wortschatzvermittlung ..., S. 93.

36 *B. Stentenbach,* Systematische Wortschatzarbeit im Französischunterricht der Sekundarstufe I, in: English Teaching Forum. XIX, 2, 1981, S. 177.

37 *B. Stentenbach,* Systematische Wortschatzarbeit ..., S. 179.

38 Solche handelsüblichen Karteien sind unter anderen: Ph. Hewitt, R. Langhans. Vokabelkartei Englisch. Stuttgart: Klett 1979. Langenscheidts-Wortschatzkartei Englisch I und II. Berlin, München: Langenscheidt 1971.

39 *Ph.N. Hewitt, R. Langhans,* Vokabelkartei Englisch. Stuttgart: Klett, 1979.

40/41 *H. Weber u. F. Denninghaus,* Vokabelheft oder Vokabelkartei? zitiert nach Doyé, Systematische Wortschatzvermittlung. S. 94.

42 *W. Neudeck,* Vokabeltraining mit dem VC20, in: Computer Journal, Mai/Juni 1983, S. 24.

43 *H.D. Loebner,* Neuralgische Punkte der neusprachlichen Wortschatzarbeit, in: Der fremdsprachliche Unterricht, Nr. 1, 1974, S. 25.

44 *W. Pauels,* Die Hausaufgabe im Englischunterricht. Paderborn, München, Wien, Zürich: Schönigh, 1979, S. 54.

45 *W.F. Kugemann,* Kopfarbeit mit Köpfchen. München: Pfeiffer, ^{13}1979, S. 128.

46 *W. Stentenbach,* Systematische Wortschatzarbeit ..., S. 181.

47 *H.D. Loebner,* Neuralgische Punkte ..., S. 24f.

49 *W.F. Kugemann,* Kopfarbeit ..., S. 128.

50 *P. Doyé,* Systematische Wortschatzvermittlung ..., S. 82.

50 *J. Rohrer,* Die Rolle des Gedächtnisses ..., S. 71.

51 *H. Heuer,* Wortassoziationen in der Fremdspra-

chendidaktik, in: Hüllen (Hg.). Neusser Vorträge zur Fremdsprachendidaktik. Berlin: Cornelsen, Velhagen & Klasing, 1973, S. 70.

52 *J. Rohrer,* Die Rolle des Gedächtnisses ..., S. 80.

53 *J. Rohrer,* Die Rolle des Gedächtnisses ..., S. 83.

54 *H. Heuer,* Wortassoziationen ..., S. 72.

Zum Grammatikerwerb

1 *W. Hüllen,* Über das allmähliche Verfertigen von Sprachregeln, in: Der fremdsprachliche Unterricht 1983, Heft 67, S. 167.

2 *W. Hüllen,* Über das allmähliche Verfertigen ..., S. 171.

3 *G. Zimmermann,* Das grammatische Beiheft im Lehrerurteil, in: Neusprachliche Mitteilungen, Heft 2, 1983, S. 94.

4 *G. Zimmermann,* Das grammatische Beiheft ..., S. 92.

5 *J. Rohrer,* Die Rolle des Gedächtnisses ..., S. 51.

6 *G. Zimmermann,* Das grammatische Beiheft ..., S. 94.

7 *G. Zimmermann,* Das grammatische Beiheft ..., S. 92.

8 *G. Zimmermann,* Zur Textverständlichkeit im Lernbereich Grammatik, in: Neusprachliche Mitteilungen, Heft 3, 1981,

9 *H. Kleineidam,* Kommunikation ohne Grammatik oder Grammatik ohne Kommunikation? in: Neusprachliche Mitteilungen, Heft 2, 1982, S. 103.

10 *G. Göhrum,* Englischunterricht. Grundlagen–Aufbau–Praxis. Teil 2: Grammatik. Bonn: Dümmler, 1971, S. 101.

11 *J. Rohrer,* Die Rolle des Gedächtnisses ..., S. 108.

12 *J.P. Timm,* Pragmatisch-kommunikative Grammatik im Englischunterricht. Theorie und Praxis der Unterrichtsplanung. München: Hueber, 1979, S. 126.

13 *A. Vielau,* Probleme der grammatischen Bewußtmachung im kommunikativen Englischunterricht, in: Englisch Amerikanische Studien 1/1983, S. 10.

14 *W. Hüllen,* Über das allmähliche Verfahren ..., S. 169f.

15 *A. Vielau,* Probleme der grammatischen Bewußtmachung ..., S. 10f.

16 *J. Roth,* zitiert nach K. Lorenzen, Englischunterricht. Bad Heilbrunn: Klinkhardt, ^{2}1974, S. 221.

17 Nach Rohrer werden im Gedächtnis nämlich keine Verbalisierungen gespeichert, sondern lediglich das Konzept bzw. der Begriff der Aussage. (*J. Rohrer.* Die Rolle des Gedächtnisses. S. 51).

18 Eine grundlegene Information bietet: *G. Zimmermann,* Grammatik im Fremdsprachenunterricht, Frankfurt (Diesterweg) 1977.

19 *R. Tappert,* Grammatik in prägnanten Mustern in: Englisch, Heft 2, 1981, S. 52.

20 *P. Doyé,* Systematische Wortschatzvermittlung im Englischunterricht Hannover, Dortmund: Schroedel/Lensing, 1980, S. 39.

21 *G. Zimmermann,* Zur Textverständlichkeit ..., S. 92.

Zum Hörverstehen

1 Hessisches Institut für Lehrerfortbildung (Hg.). Protokolle der Lehrgänge K 465, 2336, Kassel 1975.

2 *P. Bayer,* Hörverstehen im Französischunterricht der Sekundarstufe I. Neusprachliche Mitteilungen, Heft 4, 1981, S. 206.

3 *D. Wolff,* Überlegungen zum Hörverstehen im Fremdsprachenunterricht in: Die Neueren Sprachen, Heft 4, 1983, S. 283.

4 *W. Brockhaus,* Zur Fertigkeit des Hörverstehens im neusprachlichen Unterricht, in: Praxis 1975, Heft 3, S. 229.

5 *W. Wolff,* Überlegungen ..., S. 283.

6 *M. Schratz,* Ist mangelnde Ausdrucksfähigkeit auf unzureichendes Hören zurückzuführen? in: Die neueren Sprachen, Heft 2, 1981, S. 103.

7 *G. Ernst,* Zur Therapie und Praxis von Hörverstehensübungen italienisch, in: Neusprachliche Mitteilungen, Heft 1, 1981, S. 10.

8 *W. Brockhaus,* Plädoyer für das Zuhören im Fremdsprachenunterricht, in: Praxis des neusprachlichen Unterrichts, Heft 1, 1979, S. 10.

9 *W. Wolff,* Überlegungen ..., S. 290.

10 *M. Schratz,* Ist mangelnde Ausdrucksfähigkeit ..., S. 106.

11 *W.M. Rivers, M.S. Temperley,* A Practical Guide To The Teaching of English. New York: Oxford University Press, 1978, S. 70.

12 *G. Ernst,* Zur Theorie und Praxis von Hörverstehensübungen ..., S. 13.

13 *Miller 1956,* zitiert nach Schratz, Ist mangelnde Ausdrucksfähigkeit ... S. 110.

14 *G. Ernst,* Zur Theorie ..., S. 13.

15 *P. Bayer,* Hörverstehen ..., S. 207.

16 *W.M. Rivers,* Teaching Foreign Language Skills, zitiert nach W. Brockhaus, Zur Fertigkeit ..., S. 233.

17 *Stocker 1975,* zitiert nach M. Schratz. Ist mangelnde Ausdrucksfähigkeit ..., S. 110.

18 *W.M. Rivers, M.S. Temperley,* A Practical Guide ..., S. 68f.
19 *K. Hecht,* Listen! Teacher's Book. Hamburg: Petersen-Macmillan, 1981, S. 3.
20 *P. Bayer,* Hörverstehen im Französischunterricht ..., S. 209.
21 *E. Germer,* Zur Fertigkeit des Hörverstehens, in: Englisch, Heft 3, 1978, S. 88.
22 *E. Germer,* Zur Fertigkeit des Hörverstehens ..., S. 87.
23 a.a.O.
24 *W. Brockhaus,* Zur Fertigkeit ..., S. 229.
25 Eine Übersicht über englische und amerikanische Sender mit ihren jeweiligen Wellenlängen und Sendezeiten englischer Nachrichten in der Bundesrepublik findet man bei H. Groene. Landeskundliche Information und Hörverstehensschulung durch englischsprachige Nachrichten, in: Die neueren Sprachen, Heft 3, 1983, S. 224.
26 *Ch. Mieth,* Hörverstehen und audiovisuelle Medien, in: Englisch 1974, Heft 3, S. 109.
27 *E. Germer,* Zur Fertigkeit des Hörverstehens ..., S. 87.
28 *H. Groene,* Landeskundliche Information ..., S. 220.
29 *H. Pfetsch,* From the Wires of the A.P. and U.P.I. Comprehension Schulung auf der Oberstufe anhand von amerikanischen Nachrichtensendungen, in: Der fremdsprachliche Unterricht 6/1972, Heft 24, S. 33 und W.M. Rivers, M.S. Temperley. A Practical Guide ..., S. 72.
30 *J. Rohrer,* Die Rolle des Gedächtnisses beim Fremdsprachenlernen. Bochum: Kamp, 1978, S. 89f.
31 *W.M. Rivers, M.S. Temperley,* A Practical Guide ..., S. 78.
32 Yes, Grundausgabe, Band 3, Dortmund/Hannover, 1979, S. 67.
33 *Bever,* zitiert nach W.M. Rivers, M.S. Temperlay. A Practical Guide ..., S. 87.
34 *Clark/Clark 1977,* zitiert nach W. Wolff, Überlegungen ..., S. 289.
35 a.a.O.
36 *W. Brockhaus,* Zur Fertigkeit des Hörverstehens im neusprachlichen Unterricht, in: Praxis 1975, Heft 3, S. 233.
37 *W. Brockhaus,* Zur Fertigkeit des Hörverstehens ..., S. 231.
38 *W. Brockhaus,* Zur Fertighkeit des Hörverstehens ..., S. 231.
39 *W. Brockhaus,* Zur Fertigkeit des Hörverstehens ..., S. 231.
40 *W. Brockhaus,* Zur Fertigkeit des Hörverstehens ..., S. 232.
41 *H. Groene,* Landeskundliche Information ..., S. 222.
42 *E. Germer,* Kann der Erwerb der englischen Aussprache durch die Vermittlung phonetischer Kenntnisse gefördert werden? in: Der fremdsprachliche Unterricht, 1983, Heft 67, S. 86f.
43 *W.M. Rivers, M.S. Temperley,* A Practical Guide ..., S. 89.
44 *W.M. Rivers, M.S. Temperley,* A Practical Guide ..., S. 88.
45 *N. Ferguson, M. O'Reilly,* Listening and Note-Taking C.E.E.L. 1977, S. 50 und 53.

Zum Leseverstehen

1 *Seliger,* zitiert nach L. Hermes, Zur Frage des extensiven Lesens im Englischunterricht der Sekundarstufe I in: Englisch, Heft 1, 1978, S. 2.
2 *L. Hermes,* Zur Frage des extensiven Lesens im Englischunterricht der Sekundarstufe I, in: Englisch, Heft 1, 1978, S. 4.
3 *R.C. Yorkey,* Study Skills For Students of English as a Second Language, New York, St. Louis, San Francisco u.a.: McGraw Hill Inc., 1970, S. 130.
4 *H. Mandl u.a.,* Textverständlichkeit – Textverstehen in: Treiber, B./Weinert, F.E., Lehr-Lern-Forschung, ein Überblick in Einzeldarstellungen, Wien, München, Baltimore: 1982, S. 72.
5 *W. Zielke,* Schneller Lesen – Intensiver Lesen – Besser Behalten, Landsberg: mvg, 1983, S. 65.
6 *R.C. Yorkey,* Study Skills for Students of English New York, St. Louis, San Francisco u.a.: McGraw Hill Inc.: [2]1982, S. 134.
7 Studio School of English, Cambridge. Adult Summer Programme 1983, S. 2.
8 *W. Zielke,* Schneller Lesen ..., S. 42.
9 *J. Dunlop, H. Schrand,* Read All About It, Grundstufe, München (Hueber) 1979, S. 92.
10 *H. Bebermeier,* Hinführung zum extensiven Lesen in: Landesinstitut für Curriculumentwicklung, Lehrerfortbildung und Weiterbildung (Hg.): Englischunterricht in Klasse 10, Typ A, an Hauptschulen, Neuss, 1982, S. 125.
11 *R.C. Yorkey,* Study Skills ..., 1970, S. 91.
12 *W. Zielke,* Schneller Lesen ..., S. 32.
13 *R.D. Naef,* Rationeller Lernen lernen, Weinheim, Basel: Beltz, [10]1980, S. 29f.
14 *H. Mandl u.a.,* Textverständlichkeit ..., S. 81.
15 *I. Dunlop, H. Schrand,* Read All About It, Grundstufe München (Hueber) 1979, S. 50.

Zur Sprechfertigkeit

[1] Zielsprache Englisch, München (Hueber) Heft 4, 1977, S. 16.

[2] W.M. Rivers, M.S. Temperlay, A Practical Guide To The Teaching Of English. New York: Oxford University Press, 1978, S. 170f.

[3] *J. Rohrer,* Die Rolle des Gedächtnisses beim Fremdsprachenlernen. Bochum: Kamp, 1978, S. 53ff.

[4] *F. Thurner,* Lehren – Lernen – Beurteilen. Einführung in die pädagogische Psychologie. Königstein: Scriptor, 1981, S. 83f.

[5] *F. Thurner,* Lehren – Lernen ..., S. 85.

[6] *W.M. Rivers, M.S. Temperlay,* A Practical Guide ..., S. 78.

[7] *K. Pegler,* Arbeit mit englischen Nachrichten auf der Sekundarstufe I, in: Englisch, Heft 1, 1976, S. 29.

[8] *F. Thurner,* Lehren – Lernen ..., S. 85.

[9] *F. Thurner,* Lehren – Lernen ..., S. 85.

[10] *N. Gage, D. Berliner,* Pädagogische Psychologie. Band 1, Grundlagen, Konzepte, Ergebnisse. München, Wien, Baltimore: 1979, S. 149.

[11] *N. Gage, D. Berliner,* Pädagogische Psychologie ..., S. 158.

[12] *F. Vester,* Denken, Lernen, Vergessen. Stuttgart: dtv. 1975, S. 110.

[13] *F. Vester,* Denken, Lernen, Vergessen ..., S. 113.

[14] *N. Gage, D.,* Berliner. Pädagogische Psychologie ..., S. 149.

[15] *N. Gage, D.,* Berliner, Pädagogische Psychologie ..., S. 154.

[16] *F. Thurner,* Lehren – Lernen ..., S. 73.

[17] *R.H. Kluwe,* Kontrolle eigenen Denkens und Unterricht, in: B. Treiber/F. Weinert, Lehr-Lern-Forschung, München, Wien, Baltimore 1982, S. 120.

[18] *Ausubel,* zitiert nach N. Gage, D. Berliner. Pädagogische Psychologie ..., S. 145.

[19] *W. Hüllen,* über das allmähliche Verfertigen von Sprachregeln, in: Der fremdsprachliche Unterricht 1983, Heft 67, S. 171.

Zur Schreibfertigkeit

[1] *W.M. Rivers, M.S. Temperlay,* A Practical Guide To The Teaching Of English. New York: Oxford-University Press, 1978, S. 318.

[2] *K. Hecht,* Englisch. S. 136f.

[3] *F.G. French,* The Teaching of English Abroad. London: Oxford-University Press, [13]1975, S. 74.

[4] *F.G. French,* The Teaching of English ..., S. 75.

[5] *J. Rohrer,* Die Rolle des Gedächtnisses beim Fremdsprachenlernen. Bochum: Kamp, 1978, S. 54.

[6] *H. Reisener,* Englischunterricht und Leserrechtschreibeschwäche, in: Der fremdsprachliche Unterricht, 2/1978, Heft 46, S. 52.

[7] Die genauere Beschreibung dieser Übung, die hier nur sehr gerafft wiedergegeben wurde, findet man bei W.M. Rivers, M.S. Temperley. A Practical Guide ..., S. 272f.

[8] *R.C. Yorkey,* Study Skills. For Students of English as a Second Language. New York, St. Louis, San Francisco u.a.: McGraw Hill, Inc., 1976, S. 80.

[9] *R.C. Yorkey,* Study Skills ..., S. 85.

[10] *H. Rück,* Bewußtmachung von Textstruktur zwecks Textproduktion, in: Der fremdsprachliche Unterricht, 1983, Heft 67, S. 184.

[11] *R.C. Yorkey,* Study Skills ..., S. 161.

[12] *R.C. Yorkey,* Study Skills ..., S. 162.

[13] *J.B. Heaton,* Studying in English. A practical approach to study skills in English as a second language. London: Longman, [2]1978, S. 20.

[14] Sammlung Lensing 2, Dortmund (Lambert/Lensing), o.J., 6. Jahrgang I, 101, A, S. 1.

[15] *J.B. Heaton,* Studying in English ..., S. 1f.

[16] *J.B. Heaton,* Studying in English ..., S. 2f.

[17] *J.B. Heaton,* Studying in English ..., S. 13ff.

[18] *J.B. Heaton,* Studying in English ..., S. 13f.

[19] *J.B. Heaton,* Studying in English ..., S. 23, 57, 65 und 79.

[20] Bundesarbeitsgemeinschaft für Englisch an Gesamtschulen (Hg.). Kommunikativer Englischunterricht. Prinzipien und Übungstypologie. München: 1978, S. 149.

Literatur

Alfes, L. Analogieschlüsse und potentielle Wortkompetenz, in: *Die neueren Sprachen* 4/1970, S. 351–364.

Alfes, L. Lassen sich aus latenten Lernstrategien Ansprüche an ein systematisches „vocabulary building" ableiten? in: *Englisch* 1/1980, S. 1–6.

Angermeier, W.F. Praktische Lerntips für Studierende aller Fachrichtungen, Berlin, Heidelberg (Springer) 1976.

Barck, Ch. Befähigung der Schüler zum selbständigen Erwerb von Lexik, in: Fremdsprachenunterricht 27 (1983) 7, S. 336–338.

Bausch, K.R. u.a. *Sprachlehr- und Sprachlernforschung: Begründung einer Disziplin*. Tübingen: Narr [3]1978.

Bayer, P. Hörverstehen im Französischunterricht der Sekundarstufe I, in: *Neusprachliche Mitteilungen* 4/1981, S. 206–210.

Billows, F.L. *Kooperatives Sprachenlernen*. Techniken des Fremdsprachenunterrichts. Heidelberg: Quelle & Meyer, 1973.

Bogatz, H./Lübke, D. Fehlertherapie – Möglichkeiten und Wirksamkeit, in: *Der fremdsprachliche Unterricht* 4/1978 (Heft 48), S. 46ff.

Brockhaus, W. Zur Fertigkeit des Hörverstehens im neusprachlichen Unterricht, in: *Praxis* 1975, Heft 3, S. 229–237.

Brockhaus, W. Plädoyer für das Zuhören im Fremdsprachenunterricht, in: *Praxis* 1/1979, S. 3–12.

Brooks, N. *Sprache und Spracherwerb*. Berlin: Cornelsen, Velhagen & Klasing, 1973.

Bundesarbeitsgemeinschaft an Gesamtschulen. *Kommunikativer Englischunterricht*. München: Langenscheidt, 1978.

de Charms R. Lehrertraining und Unterrichtspraxis Motivation in der Klasse. München: Moderne Verlags GmbH 1979.

Davies, E./Whitney, N. *Strategies for Reading*. Teacher's Guide. London: Heinemann, 1982.

Davies, E./Whitney, N. *Strategies for Reading*. Students' Book. London: Heinemann, [2]1983.

Denninghaus, F. Der kontrollierte Erwerb eines potentiellen Wortschatzes im Fremdsprachenunterricht, in: *Praxis* 1976, S. 3–14.

Denninghaus, F. Probleme der einsprachigen Bedeutungserklärung, in: *Praxis* 1965, S. 9–22.

Dickinson, L./Carver, D. Learning how to Learn: Steps towards Self-Direction in Foreign Language Learning in Schools, in: *English Language Teaching Journal* (ELT), Vol XXXV, No. 1, October 1980, S. 1–7.

Dörner, D. Lernen des Wissens- und Kompetenzerwerbs, in: Ibid., S. 134ff.

Doyé, P. *Systematische Wortschatzvermittlung im Englischunterricht*. Hannover/Dortmund: Schroedel/Lensing, [5]1980.

Eigler, G. Lernen lehren – erziehungswissenschaftlich betrachtet, in: Unterrichtswissenschaft, Nr. 4, 1983, S. 335–349.

Ernst, G. Zur Theorie und Praxis von Hörverstehensübungen italienisch, in: *Neusprachliche Mitteilungen* 1/1981, S. 10–18.

Fenn, P. Written work in the school English lesson, in: *Englisch* 1/1978, S. 24ff.

Ferguson, N./O'Reilly, M. *Listening and notetaking*. C.E.E.L. 1977.

French, F.G. *The Teaching of English Abroad*. London: Oxford University Press, [13]1975.

Freudenstein, R. *Unser Kind lernt fremde Sprachen*. Ein Ratgeber für Eltern. Dortmund: Lensing, 1974.

Freudenstein, R./Gutschow, H. *Fremdsprache*. Lehren und Erlernen. München: Piper & Co., 1972.

Gage, N./Berliner, D. *Pädagogische Psychologie*. Band 1, Grundlagen, Konzepte, Ergebnisse. München/Wien/Baltimore: Urban und Schwarzenberg, 1979.

Gage, N./Berliner, D. *Pädagogische Psychologie*. Band 2, Lehrmethoden, Bewertung des Lernerfolgs. Ibid.

Germer, E. Kann der Erwerb der englischen Aussprache durch die Vermittlung phonetischer Kenntnisse gefördert werden? in: *Der fremdsprachliche Unterricht* 1983, Heft 67, S. 174ff.

Germer, E. Zur Fertigkeit des Hörverstehens, in: *Englisch* Heft 3, 1978, S. 81–89.

Gierich, E. Gewohnheiten müssen bewußt herausgebildet werden in: *Fremdsprachenunterricht* 27 (1983) 12, S. 594.

Göhrum, G. *Englischunterricht*. Grundlagen – Aufbau – Praxis. Teil 2: Grammatik. Bonn: Dümmler, 1971.

Göller, A. Wie kann man Schüler zur Arbeit mit dem Wörterbuch anleiten? in: *Der fremdsprachliche Unterricht* 1981, Heft 59.

Groene, H. Landeskundliche Information und Hörverstehensschulung durch englischsprachige Nachrichten, in: *Die neueren Sprachen* 3/1983, S. 217–226.

Gutschow, H. *Eine Methodik des elementaren Eng-*

lischunterrichts. Probleme und Arbeitsformen. Berlin: Cornelsen, Velhagen & Klasing, 1978.
Hase, H.D./Werling, E. (Hg.). *Text Analyse und Writing Practice*. Dortmund: Lensing, o. J.
Hasselhorn, M. Körkel, J. Gezielte Förderung der Lernkompetenz am Beispiel der Textverarbeitung. in: Unterrichtswissenschaft 1983, Nr. 4, S. 370ff.
Heaton, J.B. *Studying in English*. A practical approach tó study skills in English as a second language. London: Longman, [2]1978.
Hecht, K. *Englisch*. Sekundarstufe I. Band 2: Unterrichtsgestaltung. Donauwörth: Auer, [2]1978.
Hecht, K. *Listen!* Teacher's Book. Hamburg: Petersen-Macmillan, 1981.
Hecht, K. *Listen!* Teacher's Book. Stage 2. Hamburg Petersen-Macmillan, 1982.
Herold D. Arbeits- und Lerntechniken im Fremdsprachenunterricht in: K. Busacker, D. Herold, D. Jager, Arbeitshilfe für den Englischunterricht im Gymnasium, IPTS Beiträge für Unterricht und Lehrerbildung Kiel: Schmidt & Klaunig, 1982, S. 83–115.
Heuer, H. Wortassoziationen in der Fremdsprachendidaktik, in: Hüllen (Hg.). *Neusser Vorträge zur Fremdsprachendidaktik*. Berlin: Cornelsen, Velhagen & Klasing, 1973, S. 66ff.
Hinz, K. *Grammatik im Englischunterricht*. Hannover/Dortmund: Schroedel/Lensing, 1976.
Hüllen, W. *Linguistik und Englischunterricht, 2*. Heidelberg: Quelle & Meyer, 1976.
Hüllen, W. Über das allmähliche Verfertigen von Sprachregeln, in: *Der fremdsprachliche Unterricht* 1983, Heft 67, S. 164ff.
Hülshoff, F. *Training – Rationeller lernen und arbeiten*. Stuttgart: Klett, [2]1976.
Kastovsky, D. Wortbildung bei der Wortschatzarbeit, in: *Der fremdsprachliche Unterricht*, Heft 59, August 1981, S. 169–176.
Kaznelson, S.D. *Sprachtypologie und Sprachdenken*. München: Hueber, 1974.
Kielhöfer, B. Probleme der Lerngrammatik und ihre Systematik, in: *Der fremdsprachliche Unterricht*, Heft 54, 1980, S. 167–180.
Kleineidam, H. Kommunikation ohne Grammatik oder Grammatik ohne Kommunikation? in: *Neusprachliche Mitteilungen*, Heft 2, 1982, S. 103–113.
Kluwe, R.H. Kontrolle eigenen Denkens und Unterricht, in: *Ibid.*, S. 113ff.
Kruppa U. Zur Funktion des Gedächtnisses beim Zielsprachenerwerb in: Neusprachliche Mitteilungen Heft 2, 1983.
Kugemann, W.F. *Kopfarbeit mit Köpfchen*. München: Pfeiffer, [13]1979.
Kummer-Hudabiunigg, I. Ein Schüler ohne Grammatik ist wie ein Lehrling ohne Kelle, ohne Hammer, ohne Lot. Lehrerinterviews zur Grammatik, in: *East* 1/1983, S. 19ff.
List G. Syntagmatische Sprachpsychologie
Sprache als System von Kommunikation und Lern- und Lernerfahrung, Stuttgart, Berlin, Köln, Mainz, 1974.
Loebner, H.D. Neuralgische Punkte der neusprachlichen Wortschatzarbeit, in: *Der fremdsprachliche Unterricht*, Nr. 1, 1974.
Lorenzen, K. *Englischunterricht*. Bad Heilbrunn: Klinkhardt, [2]1974.
Lübke, D. Vokabelabfragen ohne Verwendung der Muttersprache, in: *Der fremdsprachliche Unterricht* 3/1972, S. 52–61.
Lübke, D. Zweisprachiges Semantisieren von Vokabeln bei der Arbeit mit dem Lehrbuch, in: *Die neueren Sprachen* 4/1979, S. 317–321.
Maetz, A.E./Phillips, D. (Hg.). s.o. *RCT 2*. Reading Comprehension Tests. Stuttgart: Klett, 1980.
Mandl, H./Tergan, S.O./Ballstaedt, St. P. Textverständlichkeit – Textverstehen, in: Treiber/Weinert. *Lehr-Lern-Forschung*. München/Wien/Baltimore: 1982.
Meißner H. Wie helfe ich den Schülern, mündliche Berichte und Beschreibungen vorzubereiten? in: Fremdsprachenunterricht 27 (1983) 7, S. 338f.
Metzig W., M. Schuster, Lernen zu lernen, Berlin, Heidelberg: Springer 1982.
Mieth, Ch. Hörverstehen und audiovisuelle Medien, in: *Englisch* 1974, Heft 3, S. 107–109.
Mindt, D. Linguistik und Didaktik im Fremdsprachenunterricht: Historische Entwicklung und Forschungsperspektiven, in: Claus Gnutzmann/Detlef Stark (Hg.). *Grammatikunterricht*. Tübingen: Nau, 1982, S. 29–46.
Naef, R.D. *Rationeller lernen lernen*. Weinheim und Basel: Beltz, [10]1980.
Neber, H. Selbstgesteuertes Lernen, in: *Ibid.*, S. 89ff.
Neudeck, W. Vokabeltraining mit dem VC 20, in: *Computer Journal*, Mai/Juni 1983.
Odekerken, J.M.H./Bald, W.D. *Grasping Grammar*. München: Langenscheidt-Longman, 1982.
Oehler, H. Der mehrsprachige Grundwortschatz als Lern- und Lehrhilfe auf dem Wege zur Mehrsprachigkeit, in: *Der fremdsprachliche Unterricht*, Heft 23, 1972, S. 1–12.
Oehler, H. Hermeneutik des Wortschatzes, in: *Der fremdsprachliche Unterricht,* Nr. 1, 1974, S. 2ff.
Ott, E. u.a. *Thema lernen*. Methodik des geistigen Arbeitens, Lehrerband. Stuttgart: Klett, [2]1980.
Ott, E. u.a. *Thema lernen*. Methodik des geistigen

Arbeitens, Schülerband. Stuttgart: Klett, [2]1979.
Ott, E. u.a. *Thema lernen*. Methodik des geistigen Arbeitens, Arbeitsblätter. Stuttgart: Klett [2]1982.
van Parreren, C. Die Systemtheorie und der Fremdsprachenunterricht, in: *Lehren und Erlernen*. München: Piper & Co., 1972.
van Parreren, C.F. *Lernen in der Schule*. Weinheim und Basel: Beltz, [6]1977.
Pauels, W. *Die Hausaufgabe im Englischunterricht*. Paderborn/München/Wien/Zürich: Schöningh, 1979.
Pegler, K. Arbeit mit englischen Nachrichten auf der Sekundarstufe I, in: *Englisch*, Heft 1, 1976, S. 25–30.
Pfetsch, H. From the Wires of the A.P. and U.P.I. Comprehension-Schulung auf der Oberstufe anhand von amerikanischen Nachrichtensendungen, in: *Der fremdsprachliche Unterricht*, 6/1972, Heft 24, S. 25–36.
Piepho, H.E. *Einführung in die Didaktik des Englischen*. Heidelberg: Quelle & Meyer, 1976.
Piepho, H.E. *Kommunikative Didaktik des Englischunterrichts*. Limburg: Frankonius, 1979.
Piepho, H.E. *Kommunikative Kompetenz als übergeordnetes Lernziel im Englischunterricht*. Dornberg-Frickhofen: Frankonius, 1974.
Quetz, J. Wortschatzarbeit im Lichte neuer Semantiktheorien und lernpsychologischen Untersuchungen, in: Hüllen, s.o., S. 130ff.
Raasch A. Fremdsprachen lernen – aber wie? München: Hueber, 1982.
Raasch A. Sprachen lernen lernen, Sonderdruck 2, München: Hueber, 1983.
Regionales Pädagogisches Zentrum (Hg.). *Vorschläge zur Verbesserung des Englischunterrichts mit leistungsschwachen Schülern*. Bad Kreuznach, 1982.
Reisener, H. Englischunterricht und Leserechtschreibschwäche, in: *Der fremdsprachliche Unterricht*, 2/1978, Heft 46, S. 49ff.
Rivers, W.M./Temperley, M.S. *A. Practical Guide To The Teaching Of English*. New York: Oxford-University press, 1978.
Rohrer, J. *Die Rolle des Gedächtnisses beim Fremdsprachenlernen*. Bochum: Kamp, 1978.
Rück. H. Bewußtmachung von Textstruktur zwecks Textproduktion, in: *Der fremdsprachliche Unterricht*, 1983, Heft 67, S. 183ff.
Scharf S. Systematische Vermittlung und bewußte Aneignung von Verfahrenskenntnissen in: Fremdsprachenunterricht 27 (1983) 7, S. 503–508.
Schratz, M. Ist mangelnde Ausdrucksfähigkeit auf unzureichendes verstehendes Hören zurückzuführen? in: *Die neueren Sprachen*, S/1981, S. 103–114.
Schräder-Naef, R.D. *Schüler lernen Lernen*. Vermittlung von Lern- und Arbeitstechniken in der Schule. Weinheim und Basel: Beltz, 1977.
Sheal, P.R. Teaching from Notes, in: *English Teaching Forum*. XIX, 2, 1981, S. 37f.
Stentenbach, B. Systematische Wortschatzarbeit im Französischunterricht der Sekundarstufe I, in: *English Teaching Forum*. XIX, 2, 1981, S. 177–185.
Stuckert, G. Das Lernen des Lernens, in: Meißner, Zöpfl (Hg.). *Handbuch der Unterrichtspraxis*. Band 1, Grundbegriffe des Unterrichts und Organisation der Schüler. München: 1973, S. 39–53.
Thurner. F. *Lehren – Lernen – Beurteilen*. Einführung in die pädagogische Psychologie. Königstein: Scriptor, 1981.
Tiggemann, W. *Unterrichtstechniken im mündlichen Englischunterricht*. Hannover/Dortmund: Schroedel/Lensing, [4]1973.
Timm, J.P. Pragmatisch-kommunikative Grammatik im Englischunterricht. Theorie und Praxis der Unterrichtsplanung. München: Hueber, 1979.
Titone, R.A. Psycholinguistic Modell of Grammar. Learning and Foreign Language Teaching, in: R. Filipovic (Hg.). *Active Methods and Modern Aids in the Teaching of Foreign Languages*. London: OUP, 1972, S. 36–54.
Treiber, B./Weinert, F.E. *Lehr-Lern-Forschung*. Ein Überblick in Einzeldarstellungen. München/Wien/Baltimore: Urban & Schwarzenberg, 1982.
Underhill. A. *Use Your Dictionary*. A practice book for users. Berlin: Cornelsen, Velhagen & Klasing, und OUP 1980.
Ungerer, F. Passiver Lernwortschatz, in: *Der fremdsprachliche Unterricht*, Heft 59, S. 186ff.
Vester, F. *Denken, Lernen, Vergessen*. Stuttgart: dtv, 1975.
Vettiger, H./Kobel, F./Kummer, V. *Lernziel: Selbständigkeit*. Arbeitstechniken für Schüler. Düsseldorf: Schwann, 1979.
Vielau, A. Probleme der grammatischen Bewußtmachung im kommunikativen Englischunterricht, in: *Englisch Amerikanische Studien* 1/1983, S. 61f.
Vogel, K./Vogel, S. Lernpsychologie und Fremdsprachenerwerb, in: G. Ineichen, Chr. Rohrer (Hg.). *Romanische Arbeitshefte*, Nr. 14. Tübingen: Niemayer, 1975.
Walter, H. Einführung in die Texterschließung durch Kombinieren und intelligentes Raten in: Neusprachliche Mitteilungen, Heft 1, 1984, S. 27.
Weinert, F.E. Ist Lernen endlich lehrbar: Einführung in ein altes Problem und in einige neue Lösungsvorschläge in: Unterrichtswissenschaft 1983, Nr. 4, 329–334.
Weisgerber, B. Die Rolle der Grammatik beim Erwerb von Muttersprache und Fremdsprache, in: E. Gnutzmann/Stark D. *Grammatikunterricht*. Tübin-

gen: Nau, 1982, S. 101–126.
Wienold, G. *Die Erlernbarkeit der Sprachen*. München: Kösel, 1973.
Wierscheim, W./Hahn, E. *Englisch*. Lehrplan-Vorbereitung-Unterricht. Weinheim/Basel: Beltz, 1976.
Willmann-Institut (Hg.). *Wörterbuch der pädagogischen Psychologie*. Freiburg: Herder, 1974.
Wolff, D. Überlegungen zum Hörverstehen im Fremdsprachenunterricht, in: *Die neueren Sprachen* Heft 4 1983, S. 282–297.
Wulf, H. Wörterverzeichnis und Wortschatzarbeit, in: *Der fremdsprachliche Unterricht*, Nr. 1, Heft 29, 1974, S. 28ff.
Yorkey, R.C. *Study Skills*. For Students of English as a Second Language. New York – St. Louis – San Francisco u.a.: Mc. Graw-Hill, Inc., 1976.
Zapp, F.J. Sprachbetrachtung im lexikalisch-semantischen Bereich: eine Hilfe beim Zweit- und Drittsprachenerwerb, in: *Der fremdsprachliche Unterricht*, Heft 67, 1983.
Zielke, W. *Schneller lesen – Intensiver lesen – Besser Behalten*. Landsberg am Lech: mgv., 1983.
Zielke, W. *Techniken für ein besseres Gedächtnis*. Landsberg am Lech: mgv., [2]1982.
Zimmermann, G. *Grammatik im Fremdsprachenunterricht*. Frankfurt/Main: Diesterweg, 1977.
Zimmermann, G./Wißner, E. Zur Textverständlichkeit im Lernbereich Grammatik, in: *Neusprachliche Mitteilungen*, 3/1981, S. 152.

Stichwortregister